**현실적
낙천주의자**

어떤 상황에서도 여유롭고 냉철하게 판단하는 사람

현실적
낙천주의자

고도 토키오 지음 | 김슬기 옮김

유노
북스

좋게 보면
좋게 보인다

여러분은 요즘 어떻게 살고 계십니까? 저는 걱정이 없습니다. 세상살이가 갑갑하거나 힘겹지도 않습니다. 인생은 만만하고, 앞날은 너무나 밝으며, 하루하루가 즐겁습니다. 저는 '세상에 멋진 일이 얼마나 많은가!' 하고 생각합니다.

물론 제가 태어날 때부터 줄곧 고민이 없었던 것은 아닙니다. 저도 남들 못지않게 많은 고민을 하며 살아왔죠. 제가 고민에 빠졌던 순간들을 떠올려 보겠습니다.

'중학생 때 얼굴에 여드름이 너무 많이 나서 창피했다.'

'중학생 때 배구부 주장을 맡았는데, 부원들의 사기를 끌어올릴 방법을 찾으려고 애를 썼다.'

'진로에 대한 생각이 아버지와 달라서 고등학교를 졸업 후 독립할 때까지 사이가 좋지 않았다.'

'이성 친구에게 다섯 번째 차였을 때 연애에 자포자기 상태가 됐다.'

'대학 생활이 지겨워져서 학비를 내지 않았고, 제적 직전까지 갔다.'

'공인 회계사가 되기 위해 공부했지만 시험 직전에 의욕을 잃어 불합격했다.'

'대학 졸업 후 취직이 되지 않아 반년간 아르바이트만 했다.'

'첫 회사에서 상사의 괴롭힘에 시달리다가 결국 해고당하다시피 그만뒀다.'

'직장 후배와 상사와의 관계가 나빴다.'

'조정 이혼한 적이 있다.'

'소송을 당한 적도 있고, 제기한 적도 있다.'

'내가 세운 회사 세 곳이 실적 부진과 임원 간의 충돌로 폐업했다.'

'직원들이 집단 퇴직해 경영자로서의 자질이 부족한 내 자신을 원망했다.'

'경영하던 회사의 자금 융통이 악화되어 폐업을 각오했다.'

'믿었던 부하 직원에게 배신당해서 회사가 공중분해됐다.'

'사업 방침을 두고 주주와 충돌이 생겼다.'

'세무 조사를 받아 5,000만 엔이 넘는 세금을 추징당했다.'
'재혼해서 낳은 아이가 발달 장애 진단을 받았다.'

이처럼 저는 사람들이 힘들었겠다고 생각할 만한 경험을 많이 했습니다. 인생에 걱정이 사라지고 자유로워진 경지에 이른 것은 40세즈음으로, 앞서 말한 일들을 겪고 시간이 꽤 지나고 나서였습니다. 이제는 일상에서 직면하는 대부분의 일과 상황에 대해 애초에 고민하지 않거나 고민거리라고 느끼지 않게 됐습니다.

어떻게 저는 낙천적인 사람이 됐을까요? 안목과 경험, 경제력이 생긴 것도 이유겠지만, 크게 두 가지 이유 때문이라고 생각합니다.

'걱정할 만한 상황은 과제로 만들어 해결할 수 있게 됐다.'
'어떤 일이나 사건을 자유자재로 받아들일 수 있게 됐다.'

그런데 역설적이게도 걱정하지 않으려고 아예 고민하지 않는 것이 좋다고는 말할 수 없습니다. 고민하는 과정을 거치지 않고서는 수긍하기 어려운 일도 있기 때문입니다. '이리저리 생각해 봤지만 역시 이쪽이 옳다'고 결론을 내리려면 반드시 어느 정도 고민하는 시간이 필요합니다. 고민 없이는 납득에 이를 수 없습니다. 이를테면 저는 회사를 확장하기 위해 열심히 발버둥 치다가 어느 순간 깨달았습니다. 아무래도 나는 혼자 일하는 게 잘 맞는다고 말이죠. 그 후로 사업을 확장해야 할 때는 주저하지 않고 직원을 고용하는 대신 외주를 주거나 시스템을 자동화했습니다. 이런 의미로 결론에 이르는 고민의 과정은 망설임을 불식합니다. 마치 돌진하기 전에 하는 준비 운동 같은 것이죠.

사람이 느끼는 다양한 감정에는 반드시 의미가 있습니다. '불안'도 위기를 인식하는 능력의 하나라고 말할 수 있습니다. 불안을 느끼지 않으면 안이하게 덤불 속으로 들어가 뱀에게 물릴 위험이 있습니다. 즉 불안은 목숨을 지키기 위해 동물이 갖춘 생존 본능의 하나이고, 살아가는 데 꼭 필요한 감정입니다. 이와 마찬가지로 고민에는 '향상심'과 '성장 욕구'라는 의미가 담겨 있다고 생각합니다. '이렇게 되고 싶다'나 '이렇게 하고 싶다'는 성장 욕구가 있기 때문에 아직 이상에 도달하지 못한 자기 자신을 부정적으로 생각하게 되는 법입니다.

사람은 기쁨이나 슬픔, 질투, 열등감, 성취감, 감동 등 부정적이든 긍정적이든 다양한 감정을 체험하는 과정에서 중층적인 자신을 형성해 나갑니다. 그런데 상처받고 슬퍼하고 걱정하는 등의 감정을 경험하지 않으면 그 방면에서는 너무 여리고, 사고가 한쪽으로 치우치고, 약점을 가진 채 어른이 돼 버립니다. 그래서 자신의 약점이 드러나는 상황에 처하면 크게 동요하거나 위축되거나 사고력이 떨어져 적절한 판단을 내리지 못해 불리해지기가 쉽습니다.

반면 다양한 감정을 경험하고 적절하게 처리해서 극복해 나가는 사람은 정신이 성숙해집니다. 그렇게 경험이 축적되면 마음이 사소한 일로는 흔들리지 않도록 강해집니다. 역경에 처하거나 절망에 빠져도 허둥거리거나 좌절하거나 자포자기하지 않고 냉정하게 대처할 수 있게 됩니다. 그래서 감수성이 풍부한 10대에 가장 많은 고민을 하는지도 모릅니다. 몸만 성장하는 것이 아니라 마음도 함께 성장한다는 면에서도 고민하는 경험 자체는 나쁜 것이 아닙니다.

제자리만 맴도는
근심 걱정과 이별하기

고민은 하더라도 바르게, 즐겁게 해야 한다고 생각합니다. 부정적인 방향으로 고민하면 시야가 좁아지고 유연성이 떨어져 생각이 제자리만 맴돕니다. 선택지가 보이지 않아 다른 사람과 의논해야겠다는 생각조차 하지 못합니다. 또한 고민과 걱정에 사로잡히면 용기와 호기심을 잃게 됩니다. 혼자서는 아무것도 하지 못하겠다며 포기하고, 다른 사람을 탓하거나, 심지어는 자기혐오에 빠져 자포자기하고 절망에 빠지기 쉽습니다. 고민만 해서는 마음이 강해지지 않습니다. 그런데 고민을 많이 했다고 해서 무조건 성장하는 것도 아닙니다.

고민 끝에 문제가 해결되거나, 상황이 개선되거나, 나 혹은 주변 사람이 행복해지지 않는다면 아무런 의미가 없습니다. 그러므로 비관적인 상태에 맴돌게 하는 근심 걱정과는 이별하고, 그 고민을 과제로 바꿔서 해결 방법을 찾으려는 발상이 필요합니다.

첫째, 고민을 해결하기 위해 행동합니다.

당연한 말처럼 보이는데, 그럼 어째서 고민은 사라지지 않는 걸까요? 말하자면 '노후의 불안'처럼 고민을 구체적으로 특정하지 못해서 막연하기 때문입니다. 그리고 '나는 할 수 없는 일'이라고 단정 짓는 경우도 적지 않습니다. '그런 말은 못한다', '그런 일은 못한다', '할 수 있을 리가 없다' 같은 고정 관념이나 선입견은 장애물이 되어 고민을 해결하지 못합니다. 그러나 앞서 이야기했듯이 고민은 자신의 성장 욕구나 향상 욕구에 기인하는 경우가 많습니다. '이건 더 나은 내가 되기 위해 해결해야 할 과제야'라고 받아들이고 끙끙 앓는 것이죠. '아무래도 좋다'고 생각한다면 고민 따위 하지 않을 것입니다.

둘째, 상황을 받아들이는 방식을 바꾸고, 그 일을 고민이 아니라고 여기거나 가볍게 생각합니다.

셋째, 애초에 고민하지 않는 사고 회로를 만듭니다.

이 두 가지는 고정 관념을 버리고 집착하지 않는 것을 말합니다. 왜냐하면 '이래야만 한다'는 생각이 걱정을 낳기 때문입니다. 예를 들어 '대학은 반드시 졸업해야만 한다'는 집착은 학력 콤플렉스를 낳습니다. 반면 집착하지 않는 사람은 고민하지 않습니다. '고졸이어도 상관없다'고 생각하는 사람은 애초에 학력 때문에 고민하지 않죠.

이 책은 저의 경험을 바탕으로 막연하고 비관적인 생각에서 벗어나 긍정적이고 자유롭게 살 수 있는 인생의 노하우들을 안내합니다.

고민을 구체적인 과제로 바꿔서 대책을 세우는 법.
근거 없는 고정 관념을 버리는 법.
타인에게 의존하지 않으며 강한 책임 의식을 갖고 사는 법.
자신의 감각에 예민해지고 마음의 목소리를 따르는 법.
안 좋은 일에서도 교훈을 찾고 경험에 의미를 불어넣는 법.

이것들은 다분히 마음 안에서 일어나는 일이기 때문에 현실적 낙천주의자는 마음도 정신력도 강한 사람이 아닐까 생각합니다. 예를 들어 스포츠 경기에서 압박을 느껴 좋은 결과를 내지 못하는 사람이 있듯이, 재능이 있어도 정신력이 약하면 그것을 발휘할 수 없습니다. 그러나 실전에 강한 사람이 있듯이 정신력이 강하면 곤란한 상황에 놓였을 때 오히려 놀라울 만큼 강한 힘을 발휘할 수 있습니다. 그리고 마음을 굳게 먹으면 실패해도 몇 번이고 다시 일어설 수 있습니다. 또한 과도하게 다른 사람의 눈치를 보지 않고 어떤 상황에서도 여유로울 수 있으며 더 많은 행복을 누릴 수 있습니다.

행복한 인생이란 쾌적함, 안심, 즐거움, 기쁨 같은 즐거움으로 가득한 인생이고, 마음의 발달이란 그런 경험과 감각을 느끼는 힘을 더하는 것입니다. 복잡한 세상에서 느끼기 쉬운 불쾌한 감정을 제어하는 힘을 기르고 자유롭고 편안하게 사는 데 이 책이 도움이 되길 바랍니다.

마지막으로 제가 좋아하는 미국 인디언의 말을 소개하려 합니다.

"당신이 태어났을 때 당신은 울고 주변 사람은 웃었죠. 따라서 당신이 죽을 때에는 주변 사람이 울고 당신이 웃을 수 있는 인생을 살아 보세요."

◦ 차례

제1장

현실을 받아들이는 순간
모든 것이 달라진다
고민하지 않아도 되는 이유

제2장

우리는 모두
낙천적으로 태어났다

내 기질, 자존심, 신념이 만든 패턴 파악하기

제3장

편안하게 살고 싶다면
집착하지 마라

비관, 무기력, 열등감에서 벗어나는 법

제4장

좋아하는 사람에게
좋은 사람이면 된다
마음이 편안한 인간관계 맺는 법

제5장

일을
놀이로 만들어라
뭘 해도 잘 풀리는 사람이 되는 법

제6장

돈을 쫓지 말고
불러들여라

돈 걱정 말고 돈 공부 하는 법

제7장

그때의 내가 있었기에
지금의 나도 있다

한 번의 인생 즐겁고 자유롭게 살기

○ 제1장 ○

현실을
받아들이는 순간
모든 것이 달라진다

고 민 하 지   않 아 도   되 는   이 유

매일 밤 걱정으로
잠 못 이루는
당신에게

똑같은 일로도 걱정하는 사람이 있는가 하면 걱정하지 않는 사람도 있습니다. 예를 들어 회사에서 해고당했을 때 '내 인생은 망했다'며 침울해하는 사람이 있는가 하면 곧바로 훌훌 떨쳐 버리고 '다른 회사로 면접을 보러 가야겠다'고 생각하는 사람도 있죠. 병에 걸려 '인생 다 살았다'며 미래를 비관하는 사람이 있는가 하면 '좋아, 치료에 전념하자'며 씩씩하게 일어서는 사람도 있습니다.

이처럼 사건 자체는 근심의 씨앗이 아닙니다. 내가 굳이 '고민거리'라고 설정하고 있을 뿐이죠. 어떤 일이 고민이 되느냐 마느냐는 '그 일을 받아들이는 방식'의 문제입니다.

'살기 힘들다', '떳떳하지 못하다', '이 회사는 장래성이 없다', '미래가 불투명하다' 같은 생각 또한 누군가가 만들어 낸 것도, 강제한 것도 아닙니다. 자신이 그렇게 비관적으로 생각하고 있을 뿐이죠. '다들 나를 (어떤 모습으로) 생각하는 것 같다'거나 '남들에게 (어떤 모습으로) 비치면 어떡하지?' 같은 생각 역시 그 어디에도 존재하지 않는 불안의 목소리입니다. 자신이 남들의 생각을 임의로 만들어 내고 의식하고는 이런 속마음을 드러내지 못해 답답해하고 있을 뿐이죠. 다시 말해서, 주변 환경이 어떤 색깔로 칠해진 것도 아닌데 제멋대로 색을 만들어 칠해 놓고 괴로워하는 것입니다.

결국 잠 못 이루게 하는 고민은 혼자 쓰는 소설에 불과한 경우가 대부분입니다. 따라서 그런 고민이나 불안과 멀어지기 위해서는 멋대로 의미를 부여하는 습관을 고쳐야 합니다. 그리고 신경 쓰지 않는 힘, 좋은 의미의 흘려서 생각하는 힘을 길러야 합니다.

여유로운 태도는 연륜에서 나타난다

'걱정하지 않는다'는 것은 단지 생각의 문제입니다. 그런데 생각에는 언제나 힘이 존재합니다. 걱정하지 않는 가장 좋은 방법은 무심해지는 것입니다. 나의 한쪽으로 치우친 생각에 기대지 않고, 동요하지 않는 안정적인 사람이 되는 것이죠. 좋은 의미의 '불감증 체질'이 되는 것입니다.

걱정하지 않는 사람, 걱정을 지속하지 않는 사람은 감정적으로 행동하지 않습니다. 그래서 평소에도 마음이 편안해 보입니다. 그것은 하나하나의 사건에 매번 감정이 흔들리지 않는 냉정함을 지니고 있기 때문입니다. 이런 사람은 한편으로 기쁨이나 감격 같은 감정도 잘 느끼지 않는 경향도 있습니다. '사람이 쓸쓸하지도 않을까' 싶지만, 감수성이 풍부한 10대나 인생 경험이 부족한 20대는 그렇다 쳐도 사실 30대 이후부터는 기쁨이나 감격이 인생의 행복과 그다지 관계가 없어 보입니다.

성숙한 어른이 느끼는 행복이란 충족, 성취, 만족, 이해, 그리고 평온입니다. 여기에는 '좋아, 해냈어!' 같은 기쁨이나 감격도 포함됩니다. 가령 부모라면 자녀가 태어나거나 성장할 때 이런 감정을 느낄 것입니다. 기분이 좋을 때마다 일일이 들뜨지 말고 사건이나 환경, 자신의 행동을 나름대로 평가하고 냉정하게 수용하는 자세가 필요합니다.

이런 태도는 프로 스포츠 세계에서도 중요하게 여깁니다. 끊임없이 좋은 성과를 내는 선수일수록 득점하거나 시합에서 이겼을 때 가볍게 세리머니를 하며 기쁨을 표현하는 경향이 있고, 대개 '뭐, 잘됐지' 하며 담담하게 받아들입니다.

반대로 모든 일에 감정을 드러내는 사람은 외적 요인에 흔들리기 쉬워서 상황을 냉정하게 받아들이지 못하고 정서가 금방 불안정해집니다. 따라서 기쁜 일이 생겼을 때 지나치게 흥분하는 사람은 반대로 불안감이나 괴로움도 잘 느끼는 경향이 있으며 실제로 정신이 미숙한 경우가 적지 않습니다.

저는 평소 기쁨도 분노도 잘 느끼지 않고 굉장히 평온한 기분 상태를 유지합니다. 아이가 방을 어지럽혀도 화내지 않고, 인터넷 기사에 저를 비난하는 댓글이 달려도 전혀 신경 쓰지 않습니다. 상대방이 누구든 제 생각을 거침없이 말하고 반론도 하기 때문에 불쾌한 말을 들어도 기분 나빠 할 일이 아니라고 생각합니다.

신간 기획이 통과됐을 때, 투자한 부동산에 대한 융자를 승인받았을 때, 거래가 성공했을 때, 세미나가 만석이 됐을 때에도 '그렇구나, 잘됐네' 하는 정도입니다. 아이가 성장해서 이런저런 것들을 할 수 있게 되면 감동도 느끼지만, 한편으로는 '이제 다 컸구나' 하고 생각합니다. 제가 느끼는 감정을 정의하자면 충족감이나 만족감에 가깝습니다.

저는 매일 충실함을 느끼고 행복합니다. 이것은 실감해 보지 않으면 알 수 없을지 모르지만, 감정 기복 없이 담담하게 살아갈 수 있다는 것도 하나의 행복이 아닐까 생각합니다.

빗속에서
춤추는 법

어떤 고민을 해결하거나 어떤 상황을 받아들이는 태도를 바꾸기 위한 첫걸음은 능동적이고 자주적으로 고민을 마주하는 것입니다. 한 가지 예로 비가 오는 날이면 우울해진다는 사람들이 있습니다. 이들은 비 오는 날의 부정적인 인상을 이유로 듭니다. 이는 '맑은 날씨가 좋다'는 고정 관념과 집착에 기인하는 것입니다. 그럼 발상을 전환해 봅시다.

'축축하다, 빨래가 잘 마르지 않는다, 밖에 나갈 수 없다, 옷이 젖는다, 우산을 드는 게 귀찮다, 날이 흐려서 기분이 침울하다…' 같은 부정적인 생각은 '맑은 날은 맑은 날대로, 비 오는 날은 비 오는 날대로 즐기자!'로 바꿔 생각해 보세요. 그리고 어떻게 하면 비가 오는 날도 즐길 수 있을지 생각해 보는 것입니다. 비에 젖어도 상관없도록 갈아입을 옷을 챙겨 나간다거나 밖에 나가고 싶도록 예쁜 장화와 우산을 산다는 등의 아이디어를 떠올려 보는 것이죠.

이는 환경의 변화를 즐길 수 있도록 발상을 전환하는 셈인데, 이것이야말로 문제 해결 능력이라고 할 수 있습니다. 생각의 전환은 일상의 다양한 상황에서 응용할 수 있습니다.

'비가 와서 우울하다.'

→ '어떻게 하면 비를 즐길 수 있을까?'

'계속 단순한 작업만 반복하니 지겹다.'
→ '이 지루한 작업을 어떻게 하면 즐길 수 있을까?'

'혹시 이 일을 나 혼자 해야 하는 건가?'
→ '이 힘든 상황을 어떻게 하면 즐길 수 있을까?'

이렇듯 긍정적으로 바꿔서 생각할 수 없으면 자신의 고정 관념에 감정이 묶여 기분이 처지거나 환경 변화에 따른 영향을 그대로 받아서 변화에 휘둘리기도 쉽습니다. 하지만 그렇게 되면 외부 환경에 의해 행복마저 좌우되는 취약한 상황이 계속됩니다.

비가 많이 내리는 장마철에는 '오늘도 비가 오네. 우울해' 하며 탄식만 한다면 인생이 너무 재미없지 않나요? 내 힘으로는 어떻게 할 수 없는 상황은 어떻게 하면 즐길 수 있을지 낙천적으로 생각할 필요가 있습니다.

—
현실적 낙천주의자의
인생 철학

고민을 안고 사는 사람은 일상이 숨 막히고 인생이 힘겹습니다. 고민거리를 긍정적으로 바꿔서 생각하는 사람은 늘 행복과 충족감을 느끼며 삽니다.

발달 장애 아동의
아빠로
산다는 것

걱정이 바로 사라지는 방법이 하나 있습니다. 그 일의 결말이 얼마나 난감할지, 그로 인해 내가 재기할 수 없을 정도로 최악의 상황을 맞이하게 될지를 구체적으로 생각해 보는 것입니다. 이때 '무슨 일이 있어도 피하고 싶은 일'이나 '절망적일 상황' 같은 기준을 만들어 둡니다. 그리고 그 기준을 넘어서는 상황이 나에게 정말 들이닥칠지를 상상해 봅니다. 구체적으로 생각하면 할수록 현재의 상황이 그 정도로 최악은 아니라는 점을 깨달을 때가 많을 것입니다.

제가 생각하는 '최악의 상황'과 '차악의 상황'을 보고 여러분도 자신만의 기준을 만들어 보세요.

최악의 상황: 나 혹은 내 가족이 죽는 것, 타인을 죽이는 것, 5년 이상의 형사 처벌을 받는 것

차악의 상황: 나 혹은 내 가족이 크게 다치거나 큰 병에 걸리는 것, 가족과의 이별, 타인을 다치게 하는 것, 소송에서 명백하게 질 수밖에 없는 범죄를 저지르는 것, 지금까지 축적한 재산을 모두 잃는 것

그리고 자신이 안고 있는 고민과 걱정이 이 같은 최악의 상황들로 이어질 일인가를 생각해 봅니다. 그럼 대부분의 고민은 이 기준에 미치지 않기 때문에 결국 고민할 필요가 없다는 판단을 내리게 될 것입니다.

다른 학부모들에게 소외당해도, 치맛바람이 세다는 말을 들어도, 중요한 프레젠테이션을 망쳐도, 입시에 실패해도, 싫어하는 상사와 관계가 험악해져도, 회사에서 해고당해도, 심술궂은 선배에게 무시 당해도, 오랜 친구와 다퉈서 절교해도, 최악의 사태는 일어나지 않습니다.

절망도, 최악도
쉽게 찾아오지 않습니다

이렇게 구체적으로 상황을 판단하려면 아무래도 식견이 필요합니

다. 저의 경우를 예로 들겠습니다. 제 큰아들은 세 살 때 자폐 스펙트럼이라는 발달 장애를 진단받았습니다. 그래서 발달을 지원하는 치료 시설에 다니고 있습니다. 초등학교도 특별 지원 학급에 배정받을 가능성이 높고, 통상의 진학 루트를 밟지 못하리라고 예상합니다.

이렇다 보니 평소에 발달 장애 아동을 둔 부모들의 이야기를 들을 때가 많은데, 그분들 역시 저만큼이나 고민이 깊은 것 같습니다. 그중에는 아이의 장애를 인정하기 싫어서 아이가 정신과 진단이나 치료를 받지 못하게 하는 부모도 있었습니다. 혹은 보육원이나 학교에서 진료를 권해도 "우리 애한테 장애라도 있다는 말이에요?"라며 화를 내는 학부모도 있다고 합니다. 그래서 진료 권유를 금지하는 보육원이 있다는 말을 들은 적도 있습니다. 그런데 아이가 적절한 치료를 받지 못한 채 무리해서 보통 학급에 들어가면 수업을 따라가지 못하거나 친구를 사귀지 못해 따돌림을 당하고 등교를 거부하는 등 2차 장애를 일으킬 가능성이 적지 않습니다.

저는 큰아이의 일로 걱정한 적이 없고 지금도 크게 마음 쓰지 않습니다. 앞서 소개한 최악의 상황이 일어날 일은 없기 때문입니다. 자폐 스펙트럼은 뇌 기능이 불균형할 뿐이지 병은 아닙니다. 저는 제 아이가 세 살이 됐는데도 거의 말을 못했기 때문에 문제가 있을 거라고는 각오하고 있었습니다. 그래서 의사에게 진단 결과를 들었을 때에도 "그렇군요" 하며 담담하게 받아들였고, 곧바로 발달 장애 아동이 활동할 수 있는 길을 찾기 시작했습니다. 그리고 확인했습니다. 사람은 누구나 장점과 단점을 가진 불균형한 존재이고, 발달 장애 아동은 그 괴리가 클 뿐이라고 말이죠. 그러니 중요한 것은 모자란 부분은 생활에 불편함이 없을 정도로 채워 주고 뛰어난 부분은 더 발전시키는 것임을 깨달았습니다.

더 조사해 보니 사업가나 연구자들 중에도 발달 장애를 가진 사람이 적지 않았습니다. 그들은 특성을 살려 흥미를 느끼는 분야에서 뛰어난 집중력을 발휘해 훌륭한 성과를 내는 경우가 많았습니다. 그 때문에 발달 장애도 신경다양성(neurodiversity)이라는 인식(자폐증이나 발달 장애 같은 비정형 발달을 자연스럽고 정상적인 게놈 변이라고 생각하는 것)이 사회에 널리 퍼지고 있고, 이를 지원할 환경이 점점 갖춰져 나가리라는 기대감이 있다는 것도 알게 됐습니다.

실제로 IT 기업 중에는 발달 장애를 가진 사람에게 적절하게 지원하면 보통 사람보다 생산성이 높다는 점에 주목해서 이들을 '신경다양성 인재'로 적극 채용하는 곳도 있다고 합니다.

이처럼 구체적으로 조사해 나갈수록 저는 '장애가 장점이 되지 않을까?'라고 생각할 수 있게 됐습니다. 여기서 중요한 것은 '조사하기'와 '지식 넓히기'입니다. 알면 알수록 더 넓은 세계가 펼쳐지고, 해결 방법이 있음을 깨닫게 됩니다. 설령 해결하지 못해도 대수롭지 않게 생각할 환경을 만드는 방법이 있음을 알게 되는 것입니다. '그런 식으로 살 수도 있구나', '그렇게 해도 되는구나' 하며 안심할 수 있는 것이죠. 그럼 고민은 절망이 아니라 희망으로 바뀝니다.

—
현실적 낙천주의자의
인생 철학

매사 심각하게 받아들이는 사람은 현실을 인정하지 않거나 상황을 나쁜 쪽으로 키울 수 있습니다. 시야가 넓은 사람은 최악 혹은 차악의 상황이 아니라면 어떤 일이든 무던하게 받아들일 수 있습니다.

폐업한 사장이
가장 많이 한
생각

　　고민을 없애거나 애초에 걱정하지 않는 사람이 되려면 '내 인생은 내가 책임진다'는 마음으로 살아야 합니다. 무슨 일이 있어났을 때 타인이나 회사, 정부, 사회를 탓해 봤자 그들이 어떻게 해결해 주지 않습니다. 오히려 기대하고 의존할수록 기대와 달랐을 때, 배신당했을 때 더 크게 분노하게 될 것입니다.

　　내 인생을 내가 주도할 수 없다면 희망도 가질 수 없을 것입니다. 물론 느닷없이 병에 걸리거나 교통사고를 당하거나 폭한에게 습격당하는 일까지 당신의 책임이라고는 하지 않겠습니다. 불의의 병이나 사고 등은 논외로 하고, 무슨 일이 일어나든 내가 처한 상황은 모두 나의 책임이라고 인정해야 한다는 말입니다.

예를 들어 당신은 혹시 일이 너무 많아서 회사에 다니기가 힘들다고 불평하나요? 결국 이력서를 보내고 면접을 보고 그 회사에 들어가기로 결정한 것은 본인입니다. 누군가가 멋대로 그 회사에 당신의 이력서를 보내서 면접을 보게 만든 것이 아닙니다. 즉 눈앞의 사건은 본인이 자유롭게 선택한 결과입니다. 거꾸로 말하자면 회사를 그만둬도 됩니다. 퇴사도 본인의 자유, 이직하는 것도 본인의 자유입니다. 그 누구도 막을 수 없습니다.

인생은
내가 생각한 대로 흘러간다

가난 때문에 고민하는 사람도 있습니다. 물론 돈이 없으면 할 수 있는 일이 제한되기 때문에 불편하겠지만, 그래서 분발할 것인지 뒤떨어질 것인지는 본인의 자유이고 책임입니다. '어쩔 수 없이 저임금에 불안정한 일을 할 수밖에 없었을 뿐'이라고 주장할 수도 있겠지만, 그렇다면 복리 후생이 더 좋은 회사에게 선택받을 수 있도록 능력을 키우면 됩니다.

물론 가난 때문에 공부할 기회가 없었다고 말하는 사람도 있습니다. 그런데 간과한 점이 있습니다. 도서관에서 무료로 최신 교양서와 전문서를 읽을 수 있고, 세계 유수 대학의 강의도 온라인에서 쉽게 찾아볼 수 있습니다. 대학에 못 가서 교양이나 전문 지식이 없다는 것은 어불성설입니다.

저도 예전에 경영하던 회사의 상황이 악화되어 제 월급마저 받지 못하고 월세 5만 엔의 허름한 아파트로 이사한 적이 있습니다. 참으로 어려운 시기였지만 저는 그때 집 근처에 저렴한 꼬치구이집을 발견하는 기쁨, 커피를 무한 리필할 수 있는 카페에서 몇 시간씩 시간을 보내는 여유를 느끼며 나름대로 즐겁게 살았습니다. 돈도 없고 집도 허름하지만 '어떻게든 잘될 거야'라는 생각을 가장 많이 했죠. 희망이 있다면 인생은 한결 편안해지는 법입니다. 즉 가난한 것 자체가 문제가 아니라 자신보다 풍족한 사람과 비교하고 가난한 자신을 비관해서 타락하는 본인의 의지에 문제가 있다고 생각합니다.
이렇게 말하면 '희망을 가질 수 없는 사회가 문제다', '미래에 대한 기대를 가질 수 없어서다'라고 말하는 사람이 나타나는데, 희망을 가질 것인지는 본인 의사의 문제이고, 누군가에게 주어지는 것도, 누군가가 꿈꾸게 할 수 있는 것도 아닙니다. 내가 희망을 가지면 내 인생은 밝아집니다. 내가 희망을 버리면 내 인생도 어두워집니다. 둘 다 맞는 말입니다. 다시 말해서 '나는 어떤 인생을 지향하는가' 하는 자유로운 선택에 불과한 것이죠.

인생은 선택과 결과를
책임지는 것의 연속이다

자기 책임이란, 말 그대로 자신의 인생을 책임지는 것입니다. 타인을 얕보거나 사회적 약자를 내친다는 의미가 아니라 스스로 결정하고 그 결과를 받아들이기로 마음을 다잡는 것입니다.

병에 걸려도 평소 건강 관리에 소홀했음을 인정하고 생활 습관을 개선합니다.

일자리를 잃었다면 회사가 원하는 기술이 내게 없었거나 내 적성에 맞지 않았을 뿐이라고 받아들이고 마음을 다잡고 역량을 키워서 취업 활동을 합니다.

궁지에 몰렸다면 '이건 어떤 기회일까', '내게 어떤 깨달음을 주려는 걸까', '이 시련을 극복하라는 계시일까'라고 받아들입니다.

동시에 자기 책임이란 타인이나 환경, 사회의 사상으로부터 부정적인 영향을 받지 않도록 최선을 다해 궁리하는 태도이기도 합니다. 타인에게 의존하기를 그만두면 어떻게든 스스로 해 보려고 생각하고 대책을 세우게 됩니다. 설령 외부에서 부정적인 영향을 받았다 해도 그것을 자기 혼자의 힘으로 개선하려고 노력하게 되기 때문입니다.

'상사가 너무 무능해서 동기 부여가 안 된다'고 한탄하는 사람이 있다고 합시다. 하지만 타인으로 인해 자신의 동기가 좌지우지된다는 건 너무 초라한 일 아닌가요? 너무 무능한 상사 때문에 자신의 의욕이 떨어진다면 너무 분하지 않나요? 게다가 타인이 유능하지 않으면 의욕이 생기지 않는다니, 너무 행동반경이 좁은 동기 부여밖에 하지 못하는 건 아닌가요?

그들이 무능하다면 유능한 내가 서포트하면 됩니다. 말도 안 되는 지시만 한다면 대안을 제시해 보는 것이죠. 어떤 안건을 상사가 이해하지 못한다면 어떻게 이해시킬 수 있을지 지혜를 짜내 봅니다. 그래도 무리라면 몸소 성공 사례를 만들어 보세요. 끝까지 파고들어 성과를 내면 주변 사람들의 생각도 바뀔지 모릅니다. 그마저 안 된다면 이직을 하면 됩니다. 형편없는 회사에 계속 다니는 것은 인생을 낭비하는 일이죠.

그렇게 자기 책임을 관철하면 내 주변에서 일어나는 다양한 상황을 예측하고 예상하고 대비할 수 있게 될 것입니다. 설령 문제가 생겨도 '어떻게 하면 해결할 수 있을까' 하며 해결책을 생각해 내고 행동하게 될 것입니다.

예를 들어 집을 살 때에는 해저드맵(hazard map, 지진이나 화산 분화, 태풍 등 자연 재해를 일으키기 쉬운 각종 현상의 진로와 도달 범위, 소요 시간 등을 나타낸 재해 예측도-옮긴이)

을 확인해서 안전한 장소를 고르거나, 침수 지역이라 해도 침수 피해에 완벽하게 대비할 수 있는 보험을 들어 두거나 재해 용품이나 식량을 비축하는 등 미리 행동하는 것입니다.

하지만 남을 탓하는 사람은 그런 생각을 하지 못하고 고려도 하지 않으며 대비도 하지 않습니다. 그래서 어떤 문제가 생기면 자신의 불행을 한탄만 합니다. 이보다 더 갑갑한 인생은 없을 것입니다. 그래서 저는 낙천적으로 행복한 인생을 살기 위해서는 자기 책임 의식이 매우 중요하다고 생각합니다.

—
현실적 낙천주의자의
인생 철학

타인에게 의존하는 마음을 가지면 문제가 생겼을 때 쉽게 화가 나기 마련입니다. '나는 내가 책임진다'는 생각으로 살면 어떤 일이든 자신이 선택한 결과임을 인정하고 해결책을 생각하고 행동합니다.

짜증을 부르는 사람에게 너그럽게 대하는 법

'어쩌면 내 생각이 틀린 건 아닐까.'

고민과 걱정을 해결하기 위해 필요한 마음가짐 중 하나는 돌아보는 용기를 내는 것입니다. 저를 포함해 대부분의 사람은 자신의 생각이 옳다고 생각합니다. 물론 자신이 옳다고 생각하기 때문에 어떤 판단이나 행동을 납득할 수 있는 것이니 반드시 그것이 나쁘다는 뜻은 아닙니다. 그러나 한편으로는 자신이 생각하는 옳음에 집착하면 집착할수록 자신과 생각이 다른 타인을 만났을 때 상대방이 틀렸다고 생각하게 됩니다. 그것이 쓸데없는 고민이나 불만, 초조함을 낳습니다.

예를 들어 '집안일은 그때그때 완벽하게 해야 한다'는 생각에 얽매이면 상대적으로 집안일을 소홀히 하는 사람에게 발끈해서 불만을 쏟아 내고 싶어집니다. 아무리 바빠도 대충대충 하지 않아야 하고, 반대로 열심히 하지 않는 사람에게 죄악감과 혐오감을 느끼는 식입니다.

'만약 내 생각이 틀리고 상대방의 생각이 옳다면 어떻게 될까' 하고 돌아보면 어떨까요? 예를 들어 술자리나 회식, 가볍게 차를 마시는 자리에서 1엔 단위까지 완벽하게 더치페이를 하는 사람을 보고 '이 사람 정말 쩨쩨하네!' 하고 반감을 느꼈다고 합시다. 그런데 만약 상대방의 생각도 옳다고 인정해 준다면 그의 행동을 이렇게 해석할 수도 있습니다.

'더치페이를 안 하면 돈을 빌리거나 빌려주게 되고, 그럼 서로 불만이나 부담감을 느끼게 마련이지. 칼같이 하는 더치페이가 꼭 나쁜 것도 아니네.'

이렇게 '뭐, 그것도 맞는 말일 수 있으려나' 하고 생각하는 일도 늘어나지 않을까요? 앞서 예로 든 '집안일은 그때그때 완벽하게 해야 한다'는 가치관이 있다면 '집안일을 바로 안 했을 때 실질적으로 어느 정도의 피해가 생길까'를 생각해 보는 것입니다. 집안일을 소홀히 하는 사람을 보고 '저 사람이 실질적으로 어느 정도 피해를 입을까' 하고 상상해 보면 '집안이 지저분하면 골치가 아프긴 하겠지만 그렇다고 실질적으로 큰 피해가 발생하진 않을 거야'라고 깨닫게 됩니다.

이것은 자신에게 대입해도 마찬가지입니다. '지저분한 게 싫다'는 것은 당신의 기분일 뿐이고 특별히 어떤 손해가 발생하는 것은 아닙니다. 그렇다면 '청소를 조금 소홀히 해도 문제가 없으려나' 하고 생각하게 되지 않을까요?

하지만 내가 옳다고 믿는 나의 규칙을 바꾸기란 굉장히 어려운 일입니다. 때로는 나의 규칙과 타인의 규칙이 부딪힐 때도 있습니다. 도저히 물러설 수 없는 자신만의 가치관도 있으리라 생각합니다. 이처럼 나의 규칙과 상대방의 규칙이 달라서 괴로울 때에는 다음의 두 가지 선택지 중 하나를 골라야 합니다.

'상대방이 나의 규칙에 맞추게 한다.'
'나의 규칙이 허락되는 환경으로 옮겨 간다.'

내가 포기하고 상대방에게 맞춘다면 스트레스만 쌓일 테니 이것은 논외로 하겠습니다. 예를 들어 앞서 이야기한 '1엔 단위까지 더치페이를 하는 쩨쩨한 사람'에게는 이렇게 행동할 수 있습니다.

첫 번째, "저기, 잔돈은 내가 낼 테니까 더치페이는 1,000원 단위로 하지 않을래?"라고 말해 보기.

두 번째, 한 사람당 금액이 정해져 있는 가게에 가기(계산서가 하나라도 계산은 따로따로 할 수 있는 가게도 많습니다).

세 번째, 애초에 그 사람과는 밥을 먹지 않기.

저는 결국 타인은 바꿀 수 없다고 생각하기 때문에 두 번째 선택지를 택할 때가 많습니다.

짜증이 날 때는
평가하고 싶은 마음이 들 때

같은 사람이나 사건을 보고도 짜증을 내는 사람이 있는가 하면 그렇지 않은 사람도 있습니다. 예를 들어 당신은 외출을 했다가 집에 돌아오면 코트를 옷걸이에 거는데, 배우자는 바닥에 던져 둔다고 합시다. 이걸 보고 짜증을 내는 사람이 있는가 하면 별생각이 없는 사람도 있습니다. 다시 말해서 애초에 짜증을 나게 만드는 사람이 있는 것이 아니라(가끔 그런 사람도 있습니다만), 스스로 짜증을 나게 하는 사람을 만드는 것입니다. 따라서 자신이 짜증을 내지 않는 사람이 되면 짜증을 나게 만드는 사람은 사라지게 되는 셈입니다.

이 주제에서 악의를 가진 사람은 차치합시다. 이외에 상대방은 나쁜 마음이 있는 것도 아니고 당신에게 해코지를 하려는 것도 아닙니다. 그저 아무 생각이 없거나 평상시처럼 자연스럽게 행동하고 있을 뿐입니다. 혹은 상대방에게 그 사람만의 형편이나 사정, 집착이 있는지도 모릅니다.

나를 짜증 나게 하는 사람을 아무리 바꾸려고 해도 에너지 낭비일 뿐입니다. 우리는 갓 태어난 아기가 걷지 못한다고 해서 짜증을 내진 않죠. 왜냐하면 '원래 그런 것'으로 인지하고 아기의 행동을 평가하지 않기 때문입니다. 한편 일을 잘 못하는 직원이나 후배를 보고 짜증을 느끼는 이유는 '일은 잘해야 한다'고 인지하고 있고, 그 판단 척도에 따라 평가하기 때문입니다. 따라서 행동이나 사건을 평가하지 않고 바라보면 짜증이 나는 빈도는 훨씬 줄어들 것입니다.

평가하지 않고 있는 그대로 바라보려면 과도하게 기대하지 않고, 적당히 포기할 줄 아는 태도가 필요합니다. 상대방이 '이렇게 해 줄 것이다', '이렇게 하는 것이 당연하다'는 기대감이 너무 크면 막상 내 생각대로 되지 않았을 때 불만을 느낍니다. 그런 생각을 조금 누그러뜨려야 합니다. 그리고 적당히 포기하려면 내 기대대로 되지 않았을 때도 생각해 두는 것이 좋습니다. "집에 오면 외투를 옷걸이에 걸어 줘"라고 상대방에게 말함과 동시에 '하지만 옷을 걸지 않을 수도 있다'는 생각을 염두에 두면 실제로 상대방이 옷을 걸지 않았을 때 짜증의 감정도 완화될 것입니다.

—
현실적 낙천주의자의
인생 철학

자신의 생각이 무조건 옳다고 생각하는 사람은 매사 상대가 틀렸다며 쓸데없이 속을 태웁니다. 사람마다 각자의 규칙이 있음을 인정하는 사람은 '그럴 수도 있겠다'고 생각하며 감정을 낭비하지 않습니다.

예상치 못한 일에도
평정심을 유지하는
비결

예측할 수 없는 미래, 명확한 답이 없는 세상, 롤 모델이 없는 사회, 누구도 경험해 보지 못한 시대에서 불안해하거나 전전긍긍하지 않고, 늘 고민 없이 당당하게 앞을 보고 살아가려면 어떻게 해야 할까요?

그 해결 방법 중 하나가 리버럴 아트(liberal arts)를 배우는 것입니다. 리버럴 아트란, 고대 그리스에서 자유민의 교양에 필요한 것을 꼽아 가르친 과목이었습니다. 이것은 '자유로의 기능'이라고도 불리는데, 높은 수준으로 습득한 리버럴 아트는 우리를 더 자유로운 위치로 이끌어 줍니다. 왜냐하면 다양한 견해를 받아들일 수 있게 되기 때문입니다. 시점, 시좌(視座. 개인이 자기의 입장에서 사회를 보는 시점), 사고방식, 삶의 방식, 가치관, 세계관이 넓어지면 넓어질수록 예상하지 못한 상황을 맞닥뜨려도 적절하고 유연하게 대처할 수 있게 됩니다. 저는 이 리버럴 아트가 지식과 교양으로 이루어져 있다고 생각합니다.

일단 지식이란, 우리가 사는 세계의 구조와 관계 같은 전체 상에 대한 이해와 사회학, 경제학, 법학처럼 생활에 더 밀착한 구체적인 정보입니다. 지식이 풍부하면 그만큼 선택지가 넓어지고 그 결정이 자신에게 어떤 영향을 가져다줄지 내다볼 수 있습니다. 처음부터 아는가, 모르는가만으로도 차이가 생기는 일은 굉장히 많습니다.

알기 쉬운 예를 들자면, '이 물건은 어느 가게에서 더 싸게 파는가' 혹은 '어떻게 검색하면 가장 저렴하게 파는 가게를 알 수 있는가' 하는 생활 지식이 그렇습니다. 이것을 모르면 똑같은 상품을 더 비싸게 사게 됩니다. 혹은 세금에 관한 지식이 있으면 더 많이 절세할 수 있고, 법률 지식이 있으면 사기를 당하더라도 무난하게 처리할 수 있을 것입니다.

다음으로 교양이란, 지식의 양과 범위가 아니라 사물을 보는 방식과 가치 판단 기준입니다. 교양이 있으면 '이건 나에게 중요하니까 진지하게 생각해야겠어, 하지만 이건 중요하지 않으니까 넘기자' 하는 식으로 상황 판단이 용이해집니다.

'무엇에 가치가 있는가, 무엇이 본질인가, 무엇이 중요한가, 무엇이 필요하고 무엇이 불필요한가, 무엇이 아름답고 무엇이 추한가….'

이러한 가치 판단의 기준은 사람마다 다르지만, 가치의 척도가 확실할수록 헤매거나 불안에 빠지는 일이 줄어듭니다.

그리고 자신의 가치 판단 기준뿐만 아니라 다른 사람의 기준도 받아들여야 합니다. 타인에게 너그러워지려면 다른 사람의 인격이나 행동 패턴에 대한 데이터가 축적돼야 합니다. 축적될수록 사람에 대한 상상력이 풍부해져서 나와는 생각과 성향이 다른 사람을 만나더라도 적절하게 대처할 수 있게 됩니다. 자신과 가치관도 성격도 사고방식도 흥미도 욕구도 완전히 다른 타인의 패턴을 이해할 수 있으면 사람들과 불필요한 충돌을 피할 수 있고, 타인에 대한 수용력도 높아져 인간관계에 대한 스트레스가 줄어듭니다. 이런 고찰을 해 봅시다.

'가족의 사고방식이나 행동 원리는 무엇인가?'

'저 상사는 어떠한가?'

'저 사장은 어떠한가?'

'정치인들이나 대통령은 어떠한가?'

'저 나라 사람은 어떠한가?'

'저 종교를 가진 사람은 어떠한가?'

이 지식과 교양을 서로 결합하면 어떤 문제나 고민이 생겨도 그것을 해결하고 극복할 수 있는 아이디어가 떠오릅니다. 아이디어가 풍부한 사람은 고민이 없다는 말은 그런 이유 때문인 것입니다.

궁금해하는 태도가
주는 이점

교양이라고 하면 순수 문학이나 예술, 역사 등이 떠오를지도 모르겠습니다. 그런데 이런 분야들을 좋아하고 즐기는 사람이 아니라면 그다지 재미는 없죠.

교양을 가볍게 즐기고 싶다면 내가 흥미를 느끼는 분야에서 나와는 다른 주장을 하는 책을 읽고 저자와 '지적 격투'를 벌여 보는 것을 추천합니다. 그중에서도 에세이나 자기 계발서 등 저자의 가치관과 입장이 강하게 드러나는 책이면 더욱 좋습니다. 다만 책을 읽고 씩씩거리는 데 그치거나 저자의 사고를 따라가 보기만 해서는 교양이 되지 않습니다. 고전을 읽고 '아, 그렇구나' 하고 넘어가는 것 역시 교양이 되지 않습니다. 앞서 교양이란 '사물을 보는 방식, 가치 판단 기준'이라고 했듯이 다양한 시점을 형성해 연결하지 않으면 의미가 없습니다.

지적 격투란, 저자의 주장을 의심하고 자신의 주장과 맞서 보는 것입니다.

'이 저자는 왜 이런 말을 하는 걸까. 어떤 논리로 이런 주장이 나온 걸까.'

'저자는 그렇게 주장하지만 나는 이렇게 생각해. 왜냐하면 이렇기 때문이야.'

순수문학이나 역사, 고전을 부정한다는 의미가 아닙니다. 어떤 책을 읽든 '왜 이 인물은 이런 말을 한 걸까', '만약 나라면 어떻게 행동했을까'를 생각하면서 읽는 것이죠. 고전이라면 '이 가르침은 내 생활, 일, 인생의 어떤 장면에서 적용할 수 있을까', '나는 이 가르침을 적절한 상황에서 적절하게 실천해 왔을까'를 생각하면서 읽어 보는 것입니다. 역사라면 '이때의 리더나 등장인물은 무엇과 무엇을 저울에 달고 무엇을 우선해서 그런 결단을 내린 걸까', '만약 내가 이 사람이었다면 어떻게 판단했을까, 그건 왜일까'를 생각하면서 읽는 것입니다.

이런 지적 격투가 축적되면 다양한 가치 판단 기준을 형성하고 이해심을 넓혀 교양으로서 우리에게 자유를 가져다줍니다.

예측하고 대응하고 해결하는 힘

리버럴 아트를 배움으로써 다양한 시점을 갖게 되면 어떤 사상이나 상황에 맞닥뜨렸을 때 한쪽으로 치우치지 않고 냉철하게 바라볼 수 있으며 예측하는 힘도 커집니다.

2020년부터 전 세계에 걸쳐 맹위를 떨친 코로나 바이러스. 중국 우한에서 감염자가 급증하기 시작해서 저는 2020년 1월 21일 트위터에 "이미 사람 간의 감염이 일어나고 있다. 앞으로 춘절을 맞이해 중국인이 대이동하고 감염이 확대될 것이다"라고 감염병 집단 발생에 대해 언급했습니다. 그리고 "사람이 많은 곳은 피하겠다"고 선언하고 곧바로 자가 격리에 돌입해 불특정 다수와 접촉을 피했습니다.

그 당시 중국은 "사람 간의 감염은 인정할 수 없다"라는 입장을 보였지만, 저는 감염 환자의 증가 속도가 심상치 않다고 느꼈습니다. 세계보건기구(WHO) 역시 '도항 제한 등은 불필요하다'는 성명을 발표했는데, 저는 그들이 명백하게 현실을 직시하지 못하고 있다고 생각했습니다. 저의 예측은 정확히 들어맞았고 그 후의 패닉은 여러분도 잘 아는 그대로입니다.

잠시 제 자랑을 했지만, 이는 다양한 시점과 지식을 갖추면 '이런 일도 있을 수 있다'고 현실(사실)을 냉철하게 직시해서 받아들일 수 있고, 예측력도 높아진다는 것을 보여 주는 사례입니다.

지식과 교양이 적으면 사물을 인식하는 패턴도 적기 때문에 자신의 편견에 휘둘리기 쉬워집니다. '그랬으면 좋겠다' 혹은 '그러지 않으면 좋겠다'는 바람에 지배당해 현실을 왜곡해서 인식하게 됩니다. 현실을 직시하지 못하면 상황에 적절하게 대처하기가 힘들기 때문에 고민과 불안이 사라지지 않습니다.

또한 사회에서 일어나는 수많은 일의 인과 관계나 상관관계 같은 구조에 대한 지식이 적으면 자신의 판단이나 언행으로 말미암아 어떤 일이 일어나는지, 혹은 세상의 변화나 사상, 타인의 언행이 나에게 어떤 식으로 영향을 미치는지도 예상할 수 없습니다. 그럼 준비나 대처가 늦어지거나 부적절하게 대응하게 되죠. 의도치 않게 소동에 휘말려 불이익을 당하는 상황에 빠질 수도 있습니다. 그럼 다양한 국면에서 불리한 상황에 내몰리기 쉽고 인생의 앞길이 꽉 막혀 버립니다.

지식과 교양이 있으면 설령 보고 싶지 않은 현실이라도 정면에서

똑똑히 응시하고 그 상황이 자신이 직면한 현실임을 받아들일 수 있게 됩니다. 그리고 '분명 나에게 이런 영향을 미치겠지. 그러니까 이렇게 하자'며 대처 방법을 찾게 되고, 결과적으로 고민과 불안을 해결할 수 있게 됩니다.

—

현실적 낙천주의자의
인생 철학

시야가 좁은 사람은 외부의 변화에 쉽게 휘둘려 예상치 못한 상황을 적절하게 대처하지 못합니다. 리버럴 아트를 갖춰 예측력, 대응력, 해결력을 키우면 고민이 줄어들고 불리한 상황도 나에게 유리하게 전환할 수 있습니다.

제2장

우리는 모두 낙천적으로 태어났다

내 기질, 자존심, 신념이 만든 패턴 파악하기

성격을
형성하는
세 개의 층

어째서 늘 즐겁게 사는 사람이 있는가 하면 늘 끙끙 앓으며 고민하는 사람이 있는 걸까요? 왜 자유를 구가하는 사람이 있는가 하면 자유를 줘도 꼼짝달싹 못 하는 사람이 있는 걸까요? 이를 단지 성격의 차이라고 하면 그만이겠지만, 도대체 왜 그런 차이가 생기는 걸까요?

성격은 갖고 태어나는 기질과 환경이나 경험으로부터 획득 혹은 형성한 '사고 특성'과 '행동 특성'이 합쳐진 것입니다. 우리는 유소년기부터 부모님이나 선생님에게 어떤 행동을 하면 칭찬받는지 혼나는지, 친구와 놀거나 싸움을 하면서 무엇이 좋고 나쁜지를 배우고 현재에 이르기까지 자신이 만나 온 사람이나 환경으로부터 영향을 받습니다. 그와 동시에 살아오면서 직면하는 수많은 상황을 나름대로 처리하며 성공, 실패, 만족, 낙담, 기쁨, 슬픔을 겪는 과정에서 적절하거나 부적절한 대응 방법을 익힙니다. 또한 읽은 책, 감상한 TV 프로그램이나 영화, 지나다니면서 보는 광고, 친구나 지인에게 들은 정보 등을 지식으로 받아들입니다. 그 정보를 취사선택하는 데는 애초에 기질이나 처세술 등의 영향을 받습니다.

그 경험과 정보들을 받아들이면서 '나'를 만들어 가는 것입니다. 즉 성격이란 사람마다 자신이 살아가기 위해 만들어 온 갑옷과 같은 생존 전략과 방법 그 자체입니다.

성격은 후천적으로
바뀔 수 있다

이 성격은 세 개의 층으로 구성돼 있습니다. 첫 번째 층은 타고난 '기질(자질이나 소질도 포함)', 두 번째 층은 '자기 긍정감과 자존심', 세 번째 층은 '신념'입니다.

예를 들어 같은 부모 아래서 자란 형제라도 혼자 얌전하게 노는 아이가 있는가 하면 친구들에게 먼저 놀자며 적극적으로 다가가는 아이가 있습니다. 누군가에게 배우지 않아도 어릴 적부터 표출되는 내향적 혹은 외향적이라는 태생적인 차이는 천부적인 기질로서 쉽게 바꿀 수도 없습니다. 그런데 성장 도중에 성격이 바뀌었다면, 어떤 사건이나 체험이 그 계기가 됐다고 생각할 수 있습니다. 그것이 바로 두 번째 층과 세 번째 층입니다.

두 번째 층에 있는 자기 긍정감과 자존심은 첫 번째 층 외측에 자리하여 성격의 토대가 되는 기본 골격입니다. 예를 들어 '나는 지금의 나로 충분하다' 같은 자기 긍정감, '나는 다른 사람에게 공헌할 수 있는 사람이다'라는 자기 유능감, 자신을 소중하게 여기는 자기애, '나는 이런 사람이다'라는 정체성 등을 말합니다. 이것은 가족 등 교육자와의 교류 속에서 형성되기 때문에 자기 자신과 외부 세계 사이에 신뢰감을 구축할 수 있는가의 여부는 유소년기의 가정 환경에 굉장히 큰 영향을 받습니다.

가령 학대당하며 자란 아이는 늘 자신이 안심할 수 있는 장소를 확보할 수 없다는 불안감에 시달립니다. 그로 인해 다른 사람과 적절한 거리감을 두거나 신뢰 관계를 쌓기가 힘듭니다. 이것이 반복돼 또다시 자신의 아이에게 학대를 가하는 부정적인 연쇄가 일어나는 경우를 자주 볼 수 있죠. 또한 학대까지는 아니더라도 고압적인 부모 아래서 자란 아이, 부모가 무관심한 탓에 충분히 사랑받지 못하고 자란 아이, 부모의 과도한 보호나 간섭 때문에 늘 부모의 표정을 살피면서 자란 아이, 누군가와 비교당해 우열이 가려지거나 '~하면 칭찬해 줄게'와 같은 말을 들으며 조건부 애정밖에 받지 못한 아이 등도 자기 긍정감이 낮아지기 쉽습니다.

이 때문에 주변으로부터 미움받지 않으려고 자신을 억누르며 타인에게 맞추거나, 자신에 대한 평가가 나빠지지 않도록 자기 자랑을 하거나 상대방을 깎아내리고, 어떤 일에는 자신한테 무리라며 시작해 보지도 않고 뒷걸음질하는 경향 등이 강해집니다. 나아가 충족되지 않은 자기애가 너무 센 자존심으로 표출됩니다. '내가 한발 양보해야 하다니, 자존심이 허락할 수 없어'라고 생각하는 것도 그 때문인데, 그 작은 자존심이 판단의 방해물이 되어 기회를 놓치는 사람도 적지 않습니다.

세 번째 층은 행동 원리가 되는 '신념'입니다. 우리는 집과 학교에서의 대인 관계와 경험, 환경, 상황 등을 통해 '이건 해선 안 된다'든지 '이걸 해야만 한다'든지 '이게 맞다'든지 '이건 틀렸어' 같은 것을 알게 됩니다. 혹은 '이렇게 하면 잘 된다, 이렇게 하면 잘 안 된다', '이것은 나에게 유리하고 이것은 불리하다', '이건 의미가 있다, 이건 의미가 없다' 등을 깨닫고 학습합니다. 이처럼 사람은 경험과 학습을 통해 자신의 사고방식을 수정하고 사회에 적용해 나갑니다.

이것은 어떤 환경에서는 자신에게 유리하게 작용하기도 하지만, 때로는 선입견이나 고정 관념이 되어 스스로를 구속하거나 괴롭게 만들기도 합니다. 이를테면 '돈만 많이 버는 직업은 의미가 없다', '친구는 많을수록 좋다' 같은 선입견이나 '엄마는 이래야만 한다', '육아는 이렇게 해야만 한다', '남자는 이래야만 한다' 같은 근거 없는 논리를 자신이나 주변 사람에게 강요하는 사람이 적지 않습니다. 인터넷 댓글 창에 악플이 쇄도하는 것도 이런 이유에 속합니다.

이런 사고방식이나 관점은 학습으로 얻은 것이기 때문에 새로운 학습을 거쳐 개선할 수 있습니다. 당연하게 환경도 인간관계도 자신의 능력도 바꿀 수 있기 때문에 자신에게 더 이상 맞지 않는 사고방식이나 관점을 버리거나 바꾸는 것, 새로운 사고방식이나 관점을 받아들이는 것은 자연스러운 일입니다. 이것이 지성이고 성숙한 어른의 행동일 것입니다.

그러나 한번 획득한 사고방식이나 관점을 수년 혹은 수십 년씩 바꾸지 못하는 사람도 많습니다. 대부분의 사람이 자신의 생각을 쉽게 바꾸지 못하고, 학습 능력의 차이에 따라 행복을 손에 넣거나 그렇지 못하게 됩니다.

즉 근심 걱정을 해결하려면, 애초에 고민거리를 만들지 않으려면, 한 발 더 나아가 정신적 자유를 획득하려면 자신의 성장 과정에서

생긴 편견이나 선입견을 스스로 벗어던지고 새로운 학습을 통해 개

선하는 기술을 익힐 필요가 있습니다.

—
현실적 낙천주의자의
인생 철학

성격을 바꿀 수 없다고 생각하는 사람은 편견과 선입견에 휩싸여 늘 끙끙 앓으
며 고민할 일이 태산입니다. 반면 성격은 보완해 가는 것이라고 생각하는 사람
은 새로운 것들을 배우고 행복을 손에 넣을 수 있습니다.

실망하게 될 때
유용한
역할 교대 기법

내향적인 사람들 중 많은 이가 툭 하면 부정적인 생각을 하는 자신이 싫다고 고민합니다. 그런데 생각을 조금 바꿔 보면 이런 사람들은 리스크에 민감한 데다 감성이 풍부하다고 할 수 있습니다. 즉 위기를 인식하는 능력이 다른 사람보다 뛰어나죠. 그렇기 때문에 부정적인 생각 자체가 나쁜 것은 아닌 듯합니다. 문제는 부정적인 생각 때문에 리스크를 두려워해서 결국 아무런 행동도 하지 못한다는 것입니다. 도대체 왜 그런 걸까요?

하나의 원인으로 사고의 깊이가 얕을 가능성을 꼽을 수 있습니다.

다시 말해서 리스크나 결점을 발견했을 때 그 위험 요소를 피하거나 저감할 방법을 생각하는 등 주도적으로 대비해 둔다면 분명 행동하기가 쉬워질 것입니다. 그런데 그렇게까지 깊게 생각하지 못하는 것이 아닐까요?

어떤 문제가 있다고 해 봅시다. 그럼 그 과제의 해결 방법을 하나하나 논리적으로 생각하고 방책을 준비해 둬야 합니다. 혹은 만일의 사태에 대처할 방법을 마련해 두는 것이 좋습니다. 그렇게 하면 행동하지 못할 이유도 사라질 것입니다. 물론 그 문제를 수용하지 못하거나, 혼자서 다 처리하지 못하거나, 손해가 막심해서 수습이 안될 것 같으면 행동을 '하지 말아야겠다'고 판단할 것입니다. 그러나 합리적으로 생각하고 깊게 파고들면 부정적인 사고와 행동력, 위기 회피 능력은 본래 양립할 수 있습니다.

'그럴 수 있어'라고
생각하는 여유를 부려라

또 한 가지 원인은 특히 인간관계에서 무슨 일이 생기면 '내가 잘못했기 때문이 아닐까', '나에게 문제가 있어서가 아닐까' 하며 스스로를 비하하는 버릇입니다.

예를 들어 인사를 했는데 무시당했을 때 '날 싫어하는 게 아닐까',

'내가 기분 나쁘게 한 적이 있는 걸까' 하고 고민하는 것이죠. 혹은 메시지를 보냈는데 답장이 안 왔을 때 '나와는 이제 인연을 끊으려고 하는 게 아닐까' 하고 낙담하는 식입니다. 그럴 때 상대방에게 '저번에는 왜 그랬어?', '무슨 일 있었어?' 하며 가볍게 물으면 되는데, 내향적이라 묻지도 못하고 혼자서만 끙끙 앓는 것이죠.

그렇게 옥죄어 오는 마음 상태를 완화하기 위한 방법이 있습니다. 바로 '역할 교대 기법'입니다. 역할 교대 기법이란, 상대방의 입장에 서서 그 상황에서 어떤 이유로 그렇게 행동할 수 있는지를 이것저것 생각해 보는 것입니다.

이를테면 나는 어느 때 다른 사람의 인사를 무시하게 되는지 생각해 보는 것입니다. '아니야, 나는 다른 사람의 인사를 무시하는 법이 없어. 그렇다면 단순히 알아채지 못했기 때문만은 아닐 거야. 아니면 다른 사람한테 인사를 했다고 착각한 게 아닐까? 나도 예전에 갑자기 누가 말을 걸었을 때 깜짝 놀라는 바람에 인사를 못했던 적도 있었으니, 그런 상황이었던 건 아닐까?' 하고 말이죠.

메시지에 답장이 없을 때도 '뭔가 급한 일이 있어서 잊어버린 게 아닐까? 바빠서 답장을 못 썼는데 시간이 너무 많이 지나서 보내기 껄끄러워진 게 아닐까? 아니면 안 좋은 일이 있었을지도 몰라' 하고 말이죠.

이렇게 생각하면 상대방이 부정적으로 반응한 원인이 꼭 나 때문은 아닐 수도 있음을 생각하게 됩니다. 그 사람에게는 그 사람 나름의 형편이 있어서 그런 반응을 보였을지도 모른다고 생각하면 불안감이 조금이나마 완화될 것입니다.

—

현실적 낙천주의자의
인생 철학

최악의 결말부터 상상하며 행동하는 사람은 자신이 감수할지도 모를 리스크가 두려워서 선뜻 행동하지 못합니다. '내가 상대방이라면 어떻게 했을까'를 생각하는 사람은 일에도 관계에도 조급해하지 않습니다.

'할 수 있다'고
말하면
할 수 있다

'더 자신감을 가지면 잘할 수 있을 텐데.'

여러분도 이렇게 생각한 적 있으신가요? 자기 긍정감이 낮은 사람일수록 이러한 생각에 빠지기 쉽습니다. 이런 사람은 자신감의 의미를 다시 이해해야 합니다. 자신감이란, '가질 수 있는가 없는가' 하는 수동적이고 의존적인 대상이 아닙니다. '가질 것인가 말 것인가' 하는 더 능동적이고 주체적인 대상이죠.

다만 자신감에는 앞서 성격에 대한 이야기를 할 때 언급했듯이, 유소년기에 보호자의 적절한 양육으로 길러진 자기 긍정감이나 자존심도 크게 작용합니다. 그렇기 때문에 과거에 적절하지 못한 양육 환경에서 자랐을 경우 나중에 타인에게 자신감을 가지라는 말을 들어도 자신감이 쉽게 생기지 않습니다.

예를 들어 학대를 당하며 자랐거나 '너는 어쩜 바보 같니', '어째서 이런 것도 못하니', '형편없는 녀석', '어차피 실패할 거면 시작도 하지 마', '너는 못할 거야' 같은 폭언으로 부정당하고 억압받으며 성장했다면 뭘 해도 자신감을 갖기 힘들 것입니다.

후천적으로 자신감을 되찾으려면 능동적으로 성공 경험과 달성 경험을 쌓아야 합니다. 사람은 과거의 경험을 통해 잘한 일, 실패한 일, 그 일을 통해 느낀 달성감이나 좌절감 등을 축적해 나감으로써 '이번에는 잘할 수 있을 것 같다', '이건 힘들 것 같다', '조금만 노력하면 할 수 있을지도 몰라' 같은 판단의 척도가 생깁니다.

이런 판단의 척도가 없으면 어떤 일 앞에서도 겁쟁이가 돼 버립니다. 이는 결국 예측하지 못한 일이나 익숙하지 않은 일에 대처해 본 경험이 부족한 데서 기인하는데, 어떤 일에 처음 도전해서 극복한 경험이 별로 없기 때문에 더더욱 불안해지는 것입니다. 그러므로 대단하지 않아도 좋으니 '나도 꽤 하는걸', '해냈다'고 느낄 만한 실력 향상이나 성취 같은 성공 경험을 축적해 나가야 합니다.

'할 수 없다'고 말하면
끝까지 할 수 없다

한 가지 더, 자신감을 갖는 데 방해가 되는 요인은 잘 해결되지 않은 일에 대해 쉽게 상처를 받는 여린 마음입니다. 마음이 여리면 상처받고 포기하고를 반복하는 악순환에 빠지게 됩니다.

'실패해서 비웃음을 당하거나 충격을 받아서 상처받는 게 무섭다 → 그럼 애초에 시작하지 않는 편이 낫다 → 경험을 쌓지 않는다 → 점점 도전이 무서워진다'

이런 악순환이 계속되면 어떤 잠재 능력을 갖고 있어도 평생 발휘하지 못합니다. 가령 어떤 일에 뛰어들어 실패해서 상처를 받아도 다시 일어선다면 내성이 생기고 자신감을 갖게 됩니다. 그러므로 작은 일이라도 좋으니 시작하고 두려움을 극복해 나가는 경험을 쌓아 봅시다.

'실패해도 괜찮아.'
'어떻게든 될 거야.'
'낙담할 필요 없어.'
'죽고 싶다는 생각은 버려.'

'그러니까 해 보자.'

제 이야기를 예로 들면, 저는 일본에서 신문장학생(신문사의 장학금 제도를 이용하는 학생. 학비의 일부 혹은 전액을 신문사가 부담하는 대신 재학 중에 신문 배달 업무를 한다―옮긴이)으로 대학 학비를 감면받고 아르바이트를 하면서 극빈한 학생 시절을 보냈습니다. 또 서문에서도 적었듯이 대학 졸업 후에는 취직을 못하고 아르바이트 생활을 했고, 처음으로 취직한 회사에서도 잦은 실수로 1년 만에 해고를 당했습니다. 독립 후에 사업을 몇 번이나 실패했고, 직원에게 배신당하고 소송에 휘말리는 등 사람들과의 분쟁도 끊이지 않았습니다.

누구나 이 정도의 경험을 하기란 쉽지 않겠지만, 뭐든 계속해서 도전하고 실패하고 극복해 나가면 그 당시에는 비참할지 몰라도 나중에는 대개의 일을 대수롭지 않게 여기게 됩니다. "생각은 현실이 된다"라는 나폴레온 힐의 말이 있습니다. 분명 그런 면은 있습니다. 사실 긍정적인 사고보다 부정적인 사고가 현실화되기가 쉽습니다. 그 때문에 부정적으로 생각하는 경향이 있는 사람은 의식적으로 교정을 할 필요가 있습니다.

'나는 할 수 없다'고 생각하면 필요한 노력조차 하지 않고, 노력을 하더라도 소극적이기 때문에 문제 해결을 지향하지 않으며 끈기 있게 지속하지 못합니다. 결과가 좋지 않으면 '역시 실패했다'며 스스로를 위로하고 실패를 납득하는 되풀이에 빠지기 쉽기 때문입니다. 그러면 '나는 할 수 없는 일이다'라는 자기 암시가 더 강해져 부정적인 사고도 점점 강해집니다. 그런 부정적인 생각은 스스로에게도 안 좋은 영향을 미치고, 실제로 부정적인 상황을 일으킵니다. 즉 부정적인 사고는 '예언적 사고'라고 할 수 있는 무서운 사고 패턴입니다.

　오랜 시간 길러 온 생각의 버릇을 교정하는 것은 쉽지 않습니다. 우선 자신이 얽매여 있는 고정 관념이나 생각을 객관적으로 인식해야만 합니다. 그 방법 중 하나는 다시 반복하지만, 어떤 불안이나 불만, 화를 느꼈을 때 '내 생각이 틀린 건 아닐까'라고 의문하는 것입니다. '내 생각이 옳다'가 아니라 '내 생각이 틀린 건 아닐까'라고 잠시 멈춰 서는 것이 '아, 나는 이런 선입견이 있구나' 하고 깨닫고 고정 관념을 버리는 첫걸음입니다.

—
현실적 낙천주의자의
인생 철학

'할 수 없다'고 생각하는 사람은 자신에게 잠재한 능력을 발휘하지 못합니다. 자신감을 되찾으려면 작은 도전을 반복하고 실패를 극복하는 경험과 부정적인 고정 관념을 버리려는 태도가 필요합니다.

반복되는
시행착오가
긍정적인 이유

실패가 무서워서 도전하지 못하는 사람은 '실수나 실패는 용납할 수 없다'는 고정 관념이 강합니다. 이로 인해 완벽주의자처럼 생각하는 경향이 있습니다. 혹은 자신감의 결여가 '잘해야만 한다', '실패해선 안 된다'는 생각을 낳아 행동하기를 주저하게 만들 때도 있습니다.

여기에서도 행동 교대 기법을 사용해 봅시다. 예를 들어 당신은 업무 등에서 실수를 한 타인을 '무능력한 사람'이라며 전적으로 부정하나요? 발표를 할 때 말문이 막히거나 버벅거리는 사람을 보며 '모자란 사람'이라며 깔보나요? 친구의 결혼식에서 얼굴이 빨개지고 땀을 뻘뻘 흘리면서 축사를 낭독하는 사람을 보고 '아, 저 사람 너무 창피하네' 하며 바보 취급을 하나요?

그렇게 생각하는 사람도 있을지 모르지만, 대부분의 경우에는 적대적인 사람이나 싫어하는 사람에 대해서만 그럴 것이고, '이번에는 좀 아쉬웠지?' 하고 격려하거나 '긴장했구나' 하고 응원하리라 생각합니다.

즉 당신이 타인의 완벽하지 않은 모습을 너그럽게 받아들일 수 있듯이, 타인도 당신의 완벽하지 않은 모습을 똑같이 너그럽게 받아들일 수 있습니다. 사실 사람들은 당신의 행동을 그리 중요하게 여기지도 않죠. 그러니 만약 주저되는 상황에 처했다면 '만약 내가 아니라 다른 사람이 도전해서 실패했다면 나는 그 사람을 비웃었을까'라고 생각해 봐야 합니다. 보통은 대부분의 문제에 대해 그런 행동은 하지 않을 것이고 그럴 생각조차 안 할 것이므로 마음이 조금 편해질 것입니다.

다른 사람의 생각이
나와 상관없는 이유

사람들 앞에 나가면 느끼는 '부끄럽다', '실패하면 창피하다'는 감정도 자신이 멋대로 생각한 경우가 대부분입니다. 회사에서 발표를 할 때, 사람들은 애초에 당신의 외모를 평가하려고 주의 깊게 보는 것도 아니고, 당신에게 특별히 큰 흥미를 갖고 있지도 않으며, 따라서 깐깐하게 관찰하지도 않습니다. 발표에서 중요한 것은 발표의 내용입니다. 당신도 그렇지 않나요? 이는 일상생활에서 사람들과 대화를 나눌 때도 마찬가지입니다. 다른 사람과 이야기한 내용을 자세히 기억하지 못할 때도 많고, 다른 사람의 실패나 결점을 보거나 들어도 금세 잊어버리지 않나요?

그 말인즉슨 결국 다른 사람들도 똑같다는 것입니다. 축구 경기를 관전한다고 합시다. 응원하는 팀이 득점에 실패한 상황을 떠올려 보면, 실점한 선수는 부끄러움을 느낄지 모르지만 관중들은 '아, 아깝다!'고 느낍니다.

내가 한 말이나 행동을 부끄럽게 생각하는 것은 사실 나뿐이고, 다른 사람도 꼭 그러리라는 보장은 없습니다. 즉 어떻게 해석하느냐는 타인에게 달렸고 나 자신의 문제가 아닌 것입니다. 우리는 부끄러움을 피하기 위해 살고 있는 것도 아니고, 또한 창피하다고 해서 딱히 곤란한 일이 일어나는 것도 아닙니다. 따라서 실패를 부끄러운 일로 받아들이는 마음이 엄청난 자의식 과잉, 혹은 지나치게 우쭐해하는 마음에서 오는 것이 아닌지 생각해 봐야 합니다.

저는 과거에 에스테틱 살롱을 연 지 불과 한 달 만에 문을 닫은 적이 있습니다. 저는 투자가이기도 한데 이전에 상품 선물 거래에서 1,300만 엔 정도의 손실을 내고, 또 다른 금융 회사에서도 900만 엔의 손실을 입은 적이 있습니다. 해외 부동산 투자 현황도 임대료보다 대출 변제액이 더 큰 상태로 매달 자금을 보전하고 있습니다. 제가 상정한 임대료로는 세입자가 들어오지 않아서죠.

이런 식으로 저는 연속해서 실패를 겪었습니다. 그런데 지금 제 이야기를 듣고 '바보 같은 사람'이라거나 '부끄러운 사람'이라고 느끼셨나요? 그런 생각이 들지 않았을 것입니다. '아, 그래', '음' 하는 정도일 거라고 생각합니다.

저는 이런 실패 경험들 덕분에 임기응변으로 활용할 수 있는 다양한 지식을 얻었습니다. 책을 쓸 수 있는 소재가 생긴 셈이죠. 이 실패로부터 배운 교훈 덕분에 사고력이나 판단력이 생겼고, 지금은 돈 때문에 고생하지 않는 생활을 하고 있습니다.

이처럼 도전, 실패, 그 경험으로부터 배우는 교훈은 성공하기 위해 꼭 필요한 과정입니다. 반대로 실패를 피하는 것은 도전하지 않는 것, 즉 성공하지 않는 것과 마찬가지입니다. 과오나 실패는 '이 방법으로는 잘 안 됐으니 접근 방식을 바꿔야 한다'고 깨닫는 단계입니다. 그리고 그 시행착오를 반복하는 것은 더 적절하고 효과적인 방법으로 좁혀 나가는, 굉장히 생산적이고 긍정적인 과정입니다.

따라서 '완벽해야 한다'든지 '실패하면 웃음거리가 될 것이다'라는 근거 없는 생각을 일단 버리는 것이 중요합니다.

—

현실적 낙천주의자의
인생 철학

아무것도 하지 않는 사람에게는 걱정과 부끄러움이 찾아옵니다. 무엇이든 도전해 보는 사람에게는 그만큼의 경험치가 따라옵니다.

누가 그를
나쁘다고
손가락질할 수 있을까?

사소한 일로도 안절부절못하고 쉽게 화내는 사람이 있습니다. 이런 사람은 다른 사람이나 어떤 사건 때문에 쉽게 멘탈이 흔들리기 때문에 비관적으로 생각하기 쉬운 성격이라고 말할 수 있습니다. 객관적이고 긍정적인 사람이 되기 위해서 명심해야 하는 태도 중 하나는 다른 사람이나 사건을 자신의 잣대만으로 판단하지 않는 것입니다.

'옳다, 그르다'
'도덕적인가, 비도덕적인가'

'윤리적인가, 비윤리적인가'

이런 식으로 하는 판단은 그 근거가 자기 고유의 것이므로 타인도 같은 생각이라고 보장할 수는 없습니다. 예를 들어 세상에는 예능인이나 정치가의 불륜 뉴스를 보고 화를 내는 사람이 많습니다. 저는 다른 사람의 불륜에는 아무런 흥미가 없습니다. 불륜 사건을 보고 분노하는 사람들은 '불륜을 저질러선 안 된다', '공인은 청렴결백해야 한다'고 생각합니다. 결국 그들은 자신이 정의를 내린 도덕관을 상대방에게 요구하기 때문에 자신의 기준에 합치하지 않는 사람에게 화를 내는 것입니다. 사실 걸핏하면 화를 내는 사람은 오만한 사람이라고 볼 수 있죠.

주변 사람들도 나의 정의를 따라야 한다는 생각을 버려야 합니다. 정의는 사람마다 다르고 애초에 객관적인 정의 같은 것은 존재하지도 않습니다. 대부분의 경우 내 형편에 유리한 것이 정의이기 때문이죠.

어느 쪽이
더 정의로울까

울트라맨과 바르타 성인(울트라맨 시리즈에 등장하는 상상 속의 우주인으로, '우주 닌

대부분 '울트라맨'이라고 답하리라 생각합니다. 그리고 울트라맨
이 바르타 성인을 쓰러뜨리는 모습을 보고 '역시 정의는 승리한다'고
느낄지도 모릅니다. 그런데 여기에는 뒷이야기가 존재합니다. 실제
〈울트라맨〉의 설정은 다음과 같습니다.

'고향인 바르탄별을 핵 실험으로 인해 잃은 바르탄 성인은 마침 우
주여행을 하다 재난을 피한 20억 3,000만 명의 동료와 함께 우주선
에서 방랑하고 있었다. 참고로 화성에 있는 가상의 물질 '스페슘'은
이들에게 치명적인 물질이다. 지구에는 우주선 수리와 모자란 예비
부품 조달을 위해 우연히 들렀는데, 자신들이 거주할 수 있는 환경
이라고 판단해서 이주를 결심한다.

처음에는 지구의 언어를 이해하지 못해 인사불성 상태였던 아라
시의 몸으로 들어가 이데, 하야타와 대화를 나누고 자신들의 사정을
설명한 후에 지구로의 이주에 대해 교섭했다. (아라시: 과학 특수대 극동 지부
대원, 이데: 방위팀, 과학 특수대 대원, 하야타: 울트라맨의 주인공. 울트라맨과 일심동체가 되어 괴수
들을 물리치는 과학 특수대 파일럿-옮긴이)

이들이 첫 공격에서부터 인간을 살해한 것은 아니다. 하야타에게
"몸을 인간의 크기만큼 줄이고 지구의 법률과 문화를 지킨다면 이주
도 불가능한 것은 아니다"라는 말을 들었을 때에는 즉시 정중한 태

도로 대화하는 등 지구인을 존중하고 그들과 공존하려는 태도를 보였다.

그러나 바르탄 성인의 인구가 굉장히 많다는 이야기를 들은 이데 대원이 난색을 표한 데다, 하야타 대원이 스페슘이 있는 화성으로의 이주를 제안하자 교섭을 중단하고 이주 강행을 선언한다. 이들은 정체를 드러내고 몸을 거대화한 뒤 침략과 파괴 활동을 이행했다.'

이러한 내막을 알고 나면 바르탄 성인에게는 바르탄 성인 나름의 정의가 있었다는 것을 알 수 있습니다.

만약 당신이 방랑하는 동료들을 이끌어야 하는 바르탄 성인이었다면 어떤 선택을 내렸을까요? 이 이야기의 의미는 결국 객관적인 정의 같은 것은 어디에도 없다는 것입니다. 10명이 있다면 10개의 정의가 존재합니다. 바르탄 성인의 정의와 울트라맨의 정의, 과학 특수대의 정의, 하야타 대원의 정의는 모두 다르죠. 그럼에도 불구하고 자신의 정의와 상대방의 정의를 충돌시키면 서로를 영원히 이해할 수 없고 결국 전쟁이 일어날 것입니다.

현실에서도 마찬가지입니다. 자신의 정의를 아무리 주장해 봤자 불만과 분쟁만 낳을 뿐입니다. 부부싸움이나 가족 간의 불화도 자신의 정의를 증명하고 자신의 요구대로 상대방을 바꾸려고 하기 때문에 다툼이 일어나는 경우가 많습니다.

'내가 생각하는 정의를 상대방이 실현하지 않는다. 그것은 이상하다. 내가 생각하는 대로 상대방이 행동해야만 한다.'

'나는 틀리지 않았다. 틀린 것은 상대방이다. 달라져야 하는 것은 상대방이다.'

이처럼 어느 쪽이 옳은지를 주장하고 상대방에게 밀어붙이려고 하기 때문에 그 과정에서 화가 치밀어 오르는 것입니다. 예를 들어 SNS 메시지를 읽었는데 답하지 않고 그냥 넘기는 것에 화를 내는 사람이 있습니다. 그러나 곧바로 메시지에 답을 하는 사람도 있는가 하면 하지 않는 사람도 있습니다. 사람마다 속도나 시간에 대한 감각도 다릅니다. 깜빡 잊었을 수도 있고 답장을 할 정신적 여유가 없었을지도 모릅니다. 혹은 답하기 곤란한 내용이었을지도 모르죠. 즉 사람들에게는 그 사람만의 사정과 행동 원리가 있는 것입니다. 그런데 자신이 생각하는 대로 상대가 행동하지 않았다고 해서 일방적으로 상대방을 탓하면 싸움을 부를 뿐입니다.

가족이나 연인 간의 싸움에서도 '왜 내가 원하는 대로 하지 않느냐'고 추궁하는 상황을 자주 목격할 수 있습니다. 하지만 상대방은 자신이 잘못했다기보다 추궁당하고 있다고밖에 느끼지 않습니다. 이래서는 근본적인 해결로 이어지지 못합니다.

만약 순간적으로 발끈하면 바로 화를 내기 전에 일단 자신이 그렇게 생각하는 이유를 설명하고 원하는 바를 부탁하는 형태로 이야기하는 것이 좋습니다. 그와 동시에 상대방의 생각과 그 이유를 들어 볼 필요가 있습니다.

이를테면 "나는 당신이 이렇게 해 주면 기쁘겠어. 그 이유는 이러이러해"라고 말하고, 상대방으로부터도 "나는 이렇게 하고 싶어. 그 이유는 이러이러해"라는 그 사람의 말을 들어 보는 것입니다. 이처럼 서로의 주장을 조율한다면 '그럼 여기는 이렇게, 저기는 저렇게'로 착지할 수 있습니다. 그다음에 어느 한쪽이 그 약속을 지키지 않았다면 그것은 도리에 어긋난 부분이 있다는 말이므로 그때 화를 내도 늦지 않습니다.

물론 '상대방이 같은 말을 여러 번 하게 한다'는 이유로 화를 부를 때도 있겠지만, 그 약속으로 쌍방에게 합리적인지, 쌍방이 행복해질 수 있는지가 담보된다면 상대방도 서서히 바뀌어 갈 가능성이 높다고 생각합니다.

상황 판단의 세 가지 기준
영향, 이점, 즐거움

여기에서 중요한 것은 '사건이나 타인을 어떤 척도로 볼 것인가'입니다. 쉽게 안절부절못하는 사람은 앞서 이야기했듯이 모든 일과 사람을 '옳은가 그른가', '선인가 악인가'라는 척도로 판단하려 합니다. 따라서 의식적으로 그 기준을 바꿔야 합니다. 조금 극단적일지 모르지만 저의 기준을 소개하겠습니다. 저는 사건을 두 가지 축으로 판단하려고 합니다.

'나에게 영향을 미치는가?'
'나에게 이점이 있는가?'

뉴스 등의 정보도 마찬가지입니다. 앞서 언급한 바 있지만, 유명인의 불륜 스캔들은 저에게 아무런 영향을 미치지 않고, 저에게 아무런 이점도 없기 때문에 관심을 두지 않습니다. 한편 법 개정 등은 저에게 큰 영향을 미치기 때문에 관련 정보를 꽤 자세하게 체크합니다. 사건 사고 뉴스도 체크합니다. 직접적으로 영향을 받지 않아도 '만약 내가 그 상황에 놓였다면 어떻게 할 것인가'를 미리 생각해 두면 같은 상황에 빠지지 않도록 대처할 수 있기 때문입니다.

인간관계에 대해 덧붙이자면, 저는 어떤 관계를 생각할 때 '즐거운가 그렇지 않은가'라는 척도로 판단하려 합니다. 제가 생각했을 때 유쾌하지 않은 사람과는 거리를 두고, 함께하면 즐거운 사람과의 관계는 소중히 여깁니다. 저에게 도움이 되는 말과 행동을 하는 사람, 저에게 이로운 영향을 주는 사람과의 관계를 중시합니다. 물론 직장이나 친척처럼 그리 간단하게 거리를 둘 수 없는 인간관계도 있겠지만, 그런 척도를 갖는 것만으로도 안절부절못할 상황은 줄어들리라 생각합니다.

—
현실적 낙천주의자의
인생 철학

자신의 생각이 무조건 맞다는 잣대를 고집하면 다른 사람을 이해하지 못해 불만이나 분쟁이 늘어납니다. 세상을 대하는 긍정적인 척도를 만들면 마음이 한결 여유로워집니다.

과거의 나를
칭찬하는
방법

　후회는 아무도 하고 싶지 않은 법입니다. 후회를 막으려면 당연하게도 스스로 납득한 판단이나 선택을 해야 하고, 그러려면 그 판단이나 선택을 떠받치는 강력한 근거가 있어야 합니다. 하지만 예측하기 힘든 상황을 판단할 때는 근거도 충분하지 않을 때가 많습니다. 그래서 후회하는 일들을 겪게 됩니다. 아마 누구나 이런 경험이 있으리라 생각합니다. 하지만 그것은 어쩔 수 없는 일입니다.

　과거의 선택을 계속 후회하고 탄식하기엔 시간이 너무 아깝습니다. 과거에 일어난 사실 자체는 바꿀 수 없기 때문에 걱정하는 만큼 낭비입니다. 그런데 이런 말을 들으면 '나도 잘 알고 있어!', '그럴 수 있으면 지금 괴롭지 않겠지!' 같은 생각을 하게 되는데, 여기에서 중요한 것은 과거의 의미를 바꾸는 것입니다.

과거의 실수도 발전적인 의미로 바꿀 수 있다면, 실수는 우리에게 괜찮은 과거가 됩니다. 즉 과거의 사건이나 판단을 '나중에 정답으로 만들 수 있는 힘'을 키워야 합니다. 물론 이를 두고 자신의 입맛에 맞춘 해석이라고 한다면 이 또한 부정할 수는 없지만, 그럼에도 실수를 교훈으로 바꿀 수 있다면 적어도 과거의 실패를 떠올릴 때마다 자책하는 일은 줄일 수 있을 것입니다.

이를테면 절망적인 실연의 경험을 '더 멋진 이성을 만나기 위한 일'로 바꿔 생각하고, 원하는 대학에 합격하지 못해도 '나는 그곳이 아니라 이곳에서 공부하라는 계시다. 학교의 이름보다는 그곳에서 무엇을 배우는가가 더 중요하다'고 바꿔 생각하는 것입니다.

과거의 실수를
현재의 정답으로 만드는 힘

또다시 저의 이야기를 하자면, 저는 과거에 세무 조사를 받아 고액을 추징당한 적이 있습니다. 이는 자영업자들 사이에서 흔한 일인데, 사업과 관련성이 적은 회식 지출까지 경비로 계산해서 절세 효과를 노리는 사람이 적지 않습니다. 물론 의도적으로 행동했다면 탈세에 해당하지만 경비로 처리가 가능한지에 대한 견해 차이는 종종 발생하는 일입니다. 그래서 저는 어떤 비용은 사업에 간접적으로 도움이 된다고 멋대로 해석하고 경비에 넣었는데 인정받지 못한 경우가 꽤 많았습니다.

또한 FX 마진 거래로 낸 이익을 누락한 점도 지적당했습니다. 도중에 다른 FX 회사로 바꿨지만, 원래 거래하던 FX 회사가 다른 회사에 인수되어 이름이 바뀌는 바람에 잊고 있었던 것입니다. 이익과 손실이 엇비슷했던 저의 확정 신고서는 수정 신고에 의해 3년 연속 대폭 흑자가 되어 고액의 추징금과 연체금, 과소 신고 가산세를 추징당했습니다.

이것은 직접 경험한 사람이 아니면 알 수 없지만 저에게 상당히 큰 충격으로 다가왔습니다. 그런데 그 순간 불현듯 이런 생각이 들었습니다.

'이렇게 결산 수치가 우량하면 주택 대출 심사도 통과할 수 있지 않을까?'

이익과 손실이 엇비슷하면 금융 기관에서는 생활이 힘들 것으로 판단하기 때문에 주택 담보 대출 심사를 통과하기가 어려워집니다.

실제로 2년 전 저는 어느 부동산에 대해 주택 담보 대출을 신청한 적이 있는데, 3,000만 엔이 안 되는 금액으로도 대출이 통과되지 못했습니다. 그래서 막연히 '계속 임대 아파트에 살겠구나' 생각하고 있었고 당시 도내에서 임대료 15만 엔의 임대 아파트에 살았습니다.

저는 세무 조사를 받은 후 다시 한번 은행에 타진해 봤습니다. 그랬더니 무려 1억 엔까지 대출이 가능했습니다. 그래서 현재 살고 있는 임대 병용 주택을 세웠고, 임대 공간으로부터 들어오는 임대료 수입으로 주택 담보 대출금을 모두 변제했습니다. 결과적으로 그때 세무 조사를 받았기 때문에 대출 부담이 적은 내 집 마련에 성공한 셈이고 사후적으로는 정답이라고 할 수 있는 사건이 된 것입니다. 저는 '이 힘든 상황을 어떤 이점으로 전환할 수 없을까' 생각하고 행동했습니다.

저는 별로 걱정하지 않는 성격이라 이외에도 공인 회계사 시험에 떨어지고 재수를 포기한 일, 대학 졸업 때 취직이 결정되지 않았던 일, 첫 근무지에서 해고당하다시피 쫓겨난 일, 사업 실패 등에 대해서도 별로 끙끙 앓거나 힘들어하지 않았습니다. 물론 그 당시에는 낙담했지만 말이죠.

이는 아무래도 과거의 경험을 정답으로 만드는 힘이 있었기 때문이라고 생각합니다. 즉 '덕분에 미국 공인 회계사에 합격했다', '덕분에 외자계 컨설팅 회사로 이직했다', '덕분에 자유로운 1인 기업을 세울 수 있었다'고 생각할 수 있었습니다.

저의 사례가 조금은 특수할지 모르겠습니다. 하지만 이처럼 나중에 궤도를 수정해서 '결국 나의 선택은 옳았다'고 생각할 수 있도록 과거의 경험을 정답으로 만드는 것은 후회를 줄이고 앞으로 나아가기 위한 필수적인 힘이 아닐까요?

현실적 낙천주의자의
인생 철학

지나간 일을 후회하며 사는 사람은 과거를 돌아보며 시간을 낭비합니다. 반대로 자신에게 이로운 방향으로 해석하면 후회가 교훈으로 바뀌고 발전적으로 나아갈 수 있습니다.

제3장

편안하게
살고 싶다면
집착하지 마라

비 관, 무기력, 열 등감에서 벗어나는 법

내가 못났다는
생각이 들 때
던져야 할 질문

자신의 스펙을 한탄하는 사람이 적지 않습니다.

'나에게는 딱히 특기도, 강점도, 자격도, 전문성도 없으니까.'
'좋은 조건의 회사에 들어가기는 힘들겠지.'
'한 단계 더 올라갈 수 없을 것 같다.'
'고소득이 보장된 직업은 다른 사람의 것이겠지.'

그러나 이것은 바람직한 일자리나 수입을 얻을 수 없을 때 하는 변명입니다. 저는 이렇게 생각하는 사람에게 던지고 싶은 질문이 네

가지가 있습니다.

남들에게만 있는 것 같은
'강점'에 대한 생각

첫 번째 질문, 좋은 일을 하는 데 정말 특기나 전문성이나 강점이 필요합니까?

예를 들어 회사의 상사나 동료들을 쭉 둘러보면 어떤가요? 분명 '성실하다', '밝다', '일 처리가 빠르다', '인맥이 넓다' 등등 사람마다 각자의 장점이 있을 것입니다. 하지만 그들의 장점을 특기, 전문성, 강점이라고 말할 수 있는가 하면 그 정도는 아닙니다. 극히 평범한 사람들이 대부분 아닌가요? 더 위로 올라가 부장이나 임원진, 사장을 보면 어떤가요? 물론 일은 잘하겠지만 그것은 전문성이라기보다 오래 일했기 때문일 뿐이고 그들 또한 평범하다고 생각할 수 있는 사람이 많지 않나요?

물론 전문성이나 공인 자격이 요구되는 일도 있습니다. 연구 개발 분야 등에서는 높은 전문성을 요구하는 만큼 회사의 대우도 비교적 좋은 경향이 있습니다. 그러나 고도로 전문성이 요구되는 직종은 소수이고, 대부분의 일은 경험과 숙련을 쌓아서 습득할 수 있습니다.

당신의 상사도 신입 사원으로 입사해서 아무것도 모르는 상태부터 시작해 지금의 자리까지 올라갔을 것입니다.

일본 후생노동성이 2017년 시행한 의료 경제 실태 조사의 결과에 따르면 전문성이 높다고 보는 치과 의사(근무의)의 평균 연봉도 621만 엔이고, 변호사도 경쟁이 심해져 연봉이 500만 엔에 미치지 않는 사람도 늘고 있습니다. 즉 자격이나 전문성이 있어야 꼭 좋은 일을 할 수 있다고는 말할 수 없는 것입니다. 물론 확률은 높아지겠지만 말이죠.

자신의 스펙을 한탄하는 사람에게는 세 가지 심리가 있습니다.

'특기가 있으면 좋은 일을 할 수 있을 것'이라는 생각
'나는 아무것도 가진 게 없어서 현재 상태에 만족한다'는 현재 상태에 대한 긍정적 단념
'나도 자격을 취득하면 좋은 일을 할 수 있다'는 허세

이것은 자존심만 세고 노력은 안 하는 사람들에게서 자주 발견되는 사고 패턴입니다. '내가 성공하지 못한 이유는 현재 내게 자격이나 전문성이 없기 때문일 뿐이고, 딱히 내가 무능해서가 아니다'라고 생각하고 싶은 것입니다. 일단 그런 근거 없는 생각과 자존심을 확인하고 '전문성 절대주의'를 버릴 필요가 있습니다.

모두가 부러워하는
'좋은 일'에 대한 생각

두 번째 질문, 애초에 '좋은 일'이란 무엇입니까?

좋은 일의 조건 중 하나는 수입이라고 생각합니다. 하지만 정말 수입만 많으면 될까요? 조금 극단적인 예시지만, 저의 지인은 전기 공사 기사 자격을 가진 전기 가게 사장입니다. 여름에는 월 300만 엔이나 버는 수완가로서 연봉은 2,000만 엔 정도입니다. 그런데 한여름 무더위에 땀을 뻘뻘 흘리며 고객의 집에 가서 에어컨을 설치하는 그의 모습을 보고 '나도 하고 싶다'고 생각할 수 있을까요?

또 다른 지인이 운영하는 자동차 정비 공장은 연 매출이 1억 엔이나 됩니다. 물론 그는 자동차 정비사 자격을 갖고 있습니다. 그곳을 방문해서 기름 범벅이 되어 작업을 하는 그를 보고 '돈을 많이 벌 수 있으면 나도 하고 싶다'고 생각할 수 있을까요?

저는 못 한다고 생각했습니다.

좋은 일은 곧 화려한 일이라고 생각하는 사람도 있습니다. 과연 그럴까요? 웨딩 플랜을 제안하는 브라이덜 코디네이터라는 직업이 있습니다. 화려해 보이지만 에스테틱이나 미용 업계와 마찬가지로 웨딩 업계도 체력 소모가 큽니다. 상사에게 늘 실적 압박을 받기 때문에 웨딩 건뿐만 아니라 추가 옵션도 성사해야만 합니다. 그래서 우울중에 걸려 그만두는 사람도 적지 않고, 입사와 퇴사가 잦아 드나드는 사람이 많은 업계입니다.

당연히 야근도 많습니다. 간접적으로 경험한 바에 의하면 제가 결혼 당시 담당 코디네이터는 한 건마다 여러 차례 사무실로 가능 여부를 확인하러 갔고, 때로는 눈에 눈물을 가득 머금고 돌아오기도 했습니다. 또한 제게 메일을 보낸 시각이 심야인 것을 보면 얼마나 혹독한 업계인지를 뼈저리게 느낄 수 있었습니다.

일견 화려해 보이는 일의 이면을 알고 나서도 그 일을 싫다고 생각할 수 있을까요?

좋은 일을 하고 싶다고 한탄하는 사람에게 "좋은 일이란 어떤 일인가요?"라고 물으면 대개 "주말에는 쉬고, 유급 휴가도 낼 수 있고, 야근도 적은 곳이요. 일은 그렇게 힘들지 않아야 돼요. 당연히 잦은 외근이나 더러운 일도 하고 싶지 않아요. 하지만 연봉은 높아야 해요. 복리후생도 좋아야 하고요"라고 대답합니다.

언젠가부터 입에 붙은 '불평불만'에 대한 생각

세 번째 질문, 그 말은 몇 년 전부터 하고 있는 건가요?

비즈니스 스쿨에서 MBA를 취득하는 데 필요한 기간은 2년, 다른 공인 자격도 진지하게 임하면 2~3년 만에 취득할 수 있을 것입니다. 그런데 왜 아직도 그런 말을 하고 있는지 의문입니다. 역시나 앞서 이야기했듯이 '내 탓이 아니야. 내게 자격이나 전문성이 없을 뿐이야'라고 생각하고 싶겠죠. 그리고 노력하기는 싫으니까 '나는 아직 최선을 다하지 않았을 뿐이야'라고 합리화하려는 심리도 훤히 보입니다.

특기나 전문성이 없다면 지금부터 만들면 됩니다. 공공 직업 훈련소에서 저렴한 비용으로 전문적인 기능을 배울 수 있습니다. 인터넷으로 검색하면 알 수 있듯이, 고용 보험에 가입돼 있는 사람이라면 누구나 보통 수십만 엔 정도가 드는 반년 과정의 통학 강좌를 교재비에 해당하는 1~2만 엔 정도만 부담하면 수강할 수 있는 교육 프로그램도 많습니다.

나는 가진 게 없다는 '착각'에 대한 생각

마지막 질문, 당신에게는 정말 아무것도 없습니까?

저는 미국 공인 회계사(CPA) 자격을 취득했습니다. 하지만 이것은 일본에서는 인정해 주지 않는 자격이기 때문에 외국계 기업에 취직하지 않으면 아무 의미가 없습니다. 제가 취직한 곳은 일본 회계 사무소라서 아무런 관계가 없었죠. 그다음으로 이직한 편의점에서는 점장을 했는데, 업무가 아르바이트생이나 외국인도 할 수 있는 수준이었습니다. 그 후 이직한 곳이 외자계 컨설팅 회사입니다. 이곳은 논리적인 사고력과 커뮤니케이션 능력이 요구됐고, 전문 지식이나 자격은 거의 필요하지 않은 곳이었습니다.

　제가 사업으로 시작한 일은 개인 취미인 자산 운용에 불과했던 부동산 투자였습니다. 취미를 사업으로 발전시킨 셈인데, 취미 수준에서도 사업이 성립한 것입니다. 지금의 저는 이렇게 책을 쓰는 일을 하고 있습니다. 글쓰기 훈련 같은 것은 받은 적도 없고 이 역시 사업을 하기 직전에 취미로 매거진에 글을 쓴 것이 시작이었습니다.
　그리고 이 책뿐만 아니라 과거에 낸 책들은 사람의 마음 문제를 다루었습니다. 저는 심리학자도 아니고 정신과 의사도 아닙니다. 심리학에는 문외한이지만 취미로 시작한 것에 불과한 글쓰기와 저의 관찰력과 분석력이 토대가 됐습니다.
　이처럼 저도 자랑할 만한 것은 아무것도 없었습니다. 하지만 지금은 남들이 가진 것 이상의 자유와 부를 손에 넣게 됐습니다.

　"무엇을 갖고 있는가가 문제가 아니라 갖고 있는 것을 어떻게 쓸 것인가가 문제다."

심리학자 알프레드 아들러가 말했듯이, 가진 게 아무것도 없어 보이는 사람도 사실은 가진 것이 있습니다. 문제는 그것을 어느 방면에서 어떤 형태로 살릴 것인가 하는 것에 불과합니다.

그러나 사람들 대부분이 이런 것들을 생각하거나 시행착오를 겪는 것을 성가시게 여깁니다. 그렇지만 한탄은 이것저것 시험해 본 후에 하기로 하고, 일단 행동량을 늘려야 합니다.

—
현실적 낙천주의자의
인생 철학

비현실적인 비관주의자는 자신에게 없는 것에만 집중합니다. 자신의 힘을 다시 보세요. 생각이 바뀌는 것은 물론 부와 자유도 손에 넣을 수 있습니다.

〈원피스〉의 작가
오다 에이치로의
최종 학력은?

대졸이 흔치 않았던 과거에는 자신이 고졸이라는 데 콤플렉스를 느끼는 사람이 많지 않았습니다. 그러나 대학 진학률이 높아지고 대졸자가 비교적 흔해진 지금은 등급별로 나뉜 대학 서열 중 하위권 대학 출신이라 콤플렉스를 느끼는 사람도 있는 듯합니다. 콤플렉스는 상대적이기 때문에 하위권 대학에 다니는 사람만 느끼는 것은 아닙니다. 중위권 대학 출신자는 중위권인 대로 상위권 대학 출신자에게 열등감을 느끼는 등 더 높은 등급을 향해 콤플렉스를 느낄 것입니다.

물론 학벌로 인해 취직할 때 불리하게 작용했거나, 소개팅에 나가서 대학명을 밝히자마자 상대방이 곧바로 흥미를 잃은 경험을 했거나, 주변 사람들에게 무시당하는 일을 겪는 등 분명 콤플렉스를 느끼게 만드는 요소는 있습니다. 그래서인지 유명 대학원에 다시 들어가서 최종 학력을 수정하는 이른바 '학력 세탁'을 하는 사람도 있습니다.

도대체 왜 하위권 대학을 다녔다고 해서 누군가는 부끄러움을 느끼고 누군가는 차별을 하는 걸까요? 저는 이런 배경에 '공부를 못하는 사람은 가치가 떨어진다'는 선입견이 존재하기 때문이라고 생각합니다.

학력 콤플렉스를
느낄 필요가 없는 이유

그러나 냉정하게 생각하면 대학 등급은 수험생의 학습 수준을 진단하는 것에 불과합니다. 즉 대학 입시 결과는 단지 19세까지 쌓아 올린 책상 위의 학습 성과입니다. 그리고 그 이후인 20세부터 100세까지 쌓아 올릴 수 있는 성과는 그와 비교도 안 된다는 점을 일단 인식할 필요가 있습니다.

사고력이나 추상화 능력이 부족한 10대에 획득하거나 발휘할 수 있는 능력은 일부 천재 선수나 학생을 제외하면 그리 많지 않습니다. 그러나 사회에 진출한 뒤로는 할 수 있는 일의 폭과 깊이가 훨씬 확대됩니다. 여객기, 고속 철도, 고속도로, 석유 화학 플랜트 등을 만드는 사람들은 20대부터 60대 어른이지만 천재가 아닌 보통 사람이 대부분입니다. 도쿄상공리서치의 조사 결과에 따르면 2018년 전국 경영인 평균 연령은 61.7세입니다. 회사, 특히 중소 기업 경영자의 대부분은 50대부터 70대입니다. 그리고 사회는 학력보다는 연봉이 얼마인지가 더 중요한 세계입니다. 그러므로 19세까지 쌓아 온 사소한 유산에 집착할 때가 아니라고 생각합니다.

앞서 '학습 진단'이라고 표현했는데, 인간의 능력은 이외에도 리더십이나 창의성 등 시험으로는 측정할 수 없는 것도 많습니다. 저는 그런 것들이야말로 인간의 행복에 큰 영향을 미친다고 생각합니다. 배려나 애정 표현처럼 다른 사람과의 관계를 형성하는 능력도 그럴 것입니다. 그만큼 성인이 되고부터 무엇을 이루어야 할지가 훨씬 중요한데, 사람을 단순히 학교 등급으로 평가하는 것은 난센스라고 봅니다.

학력 콤플렉스로부터 벗어나는 한 가지 방법은 자신이 재능을 발휘해야 하는 분야가 어디인지 가능한 한 빨리 정하는 것입니다. 물론 도중에 분야를 바꾸거나 여러 분야에 관심이 있어도 전혀 문제가 없지만, 중요한 점은 언제나 '나의 가치를 발휘할 수 있는 곳은 이 분야다'라는 축을 두어야 한다는 뜻입니다.

예를 들어 자신이 만화가인데 어느 대학 출신인지를 어필하는 사람은 없을 것입니다. 독자도 마찬가지입니다. 인기 만화 〈원피스〉의 저자인 오다 에이치로의 출신 학교를 확인하고 그 만화책을 살지 말지를 결정하는 사람은 없으리라 생각합니다. 만화가가 평가받는 기준은 '그 사람이 그린 만화가 재미있는지 재미없는지(즉 잘 팔리는지 그렇지 않은지)'이고, 만화가 잘 팔리지도 않는데 '나는 도쿄 예대 출신이다' 하며 자만하면 실소를 사기만 할 것입니다.

한편 인기가 없는 음악가는 명문 음대를 졸업했다고 내세우며 히에라르키(성직자의 세속적인 지배 제도-옮긴이)를 강조하거나 '아무개에게 사사받았다'는 점을 앞세워 소구하는 경향이 있다고 합니다. 인기가 있으면 그런 것들은 아무 관계가 없을 텐데, 인기가 없기 때문에 그렇게라도 더더욱 자존심을 지키려는지도 모릅니다.

힘이 센 격투기 선수가 평소에는 온화한 이유도 링 위에서의 강인함에 가치를 두기 때문이고, 그래서 일상생활에서는 힘을 과시할 필요를 느끼지 않습니다. 이런 의미로 예능인이나 요리사들도 마찬가지입니다.

'어떤 가치를 창출할 수 있는가'는 학력과 무관합니다. 가치 있는 결과를 만들 능력이 있다면 학력 따위는 아무도 신경 쓰지 않는 법입니다. 즉 자신이 재능을 발휘할 수 있는 분야를 가능한 한 이른 단계에 정하면 학력 외의 기준이 더 중요하다는 것을 알 수 있고, 학력 콤플렉스도 해소될 수 있습니다.

—
현실적 낙천주의자의
인생 철학

학벌을 따지는 사람은 어느 기준에 못 미쳤을 때 자신의 가치가 낮다고 생각하고 열등감을 느낍니다. 학벌이 곧 인생이 아니라는 것을 깨닫는다면 자신의 재능을 발휘할 수 있는 영역에서 가치 있는 성과를 낳을 수 있습니다.

걸핏하면
외모 평가 하는 사람은
모르는 것

자신의 외모가 타인보다 못하다며 고민하는 사람이 있습니다. 혹은 '키가 작다', '뚱뚱하다' 등의 이유로 자신감이 떨어져 적극적으로 행동하지 못하는 사람도 있습니다.

이것은 감수성이 풍부한 10대에서 20대 전후까지라면 다소간 어쩔 수 없는 일입니다. 이 나이대에는 대인 관계 경험과 타인을 평가하는 지표가 적기 때문입니다. 그러므로 외모나 시험 성적, 운동 능력처럼 타인과 비교해서 우열을 가리기 쉬운 항목으로만 사람을 평가할 수밖에 없습니다. 툭 하면 자신과 다른 사람을 비교해서 콤플렉스를 느끼기도 쉽죠. 혹은 과도하게 외모에 집착하는 경향을 보입니다. 저도 중학생 때 여드름이 잔뜩 난 얼굴이 창피해서 고민이 많았습니다.

그러나 어른이 되고 경험이 쌓이자 사람의 매력은 더 다면적이라는 점을 깨달았습니다. 예를 들어 다정함이나 듬직함, 중요한 국면에서 도망치지 않는 결단력, 다른 사람의 기분을 해치지 않고 말할 수 있는 세심함, 대수롭지 않은 일로 화내지 않는 여유 등 성숙한 어른으로서의 태도를 중시하게 됐습니다.

아무리 잘생긴 사람이라도 30대가 돼서도 경솔하고 경박해 보이면 왜인지 사람들이 멀리할 것입니다. 즉 외모에 너무 신경을 쓰는 사람은 평가 축이 10대의 어린 시절에 머문 채 개선되지 않았을 가능성이 높습니다. 외모는 사람을 평가하는 지표 중 하나에 불과하고 사람을 평가하는 척도는 더 복잡하고 중층적임을 깨달을 필요가 있습니다.

저는 이것을 대학 시절에 깨달았습니다. 함께 아르바이트를 하던 동생에게 고백을 받아 사귀게 됐는데, 한번은 그 친구에게 "다른 잘생긴 친구들도 있는데 왜 나랑 사귀는 거야?"라고 물은 적이 있습니다. 그러자 "말투가 자상해서요"라는 대답이 돌아왔습니다. 저는 그 말을 듣고 굉장히 기뻐했던 것으로 기억합니다.

그 이후 저는 외모에 집착하지 않게 됐습니다. 뻐드렁니라서 치열

교정을 할까 고민한 적도 있었지만, 그 고민이 싹 가서 그만두었습니다. 이성에게 호감을 얻기 위해 본질적으로 중요한 것은 상대방에 대한 배려나 공감 능력임을 깨달았기 때문입니다. 이것을 이른 나이에 깨달아서 다행입니다.

한 가지에 집착하면
주변을 보는 눈이 좁아진다

하지만 이를 논리만으로 납득하기는 어려울지도 모릅니다. 하지만 한번 주말에 지하철역 앞의 카페에 들어가 지나가는 연인들을 관찰해 보면 금세 깨달을 것입니다. 평소에 자신과 다른 사람의 외모를 평가했던 사람은 이렇게 놀라겠죠.

'어쩜 저렇게 못생긴 사람한테 애인이 있지?'
'머리숱도 없고 뚱뚱한데 부인에 아이까지 있네?'
'여자가 더 키가 큰 커플이 팔짱을 끼고 걷고 있네?'
'어째서 저렇게 평범한 여자 옆에 잘생긴 남자가 서 있는 거지?'

외모가 조금 부족해도 결혼한 사람이 있는 이유를 생각해 보면 결국 외모는 절대 조건이 아니라는 것을 알 수 있습니다. 그럼에도 불구하고 많은 사람은 왜 외모에 집착하는 걸까요? 그것은 외모가 유일한 평가의 척도라고 집착한 나머지 다른 평가의 척도를 보지 못하게 됐기 때문입니다. 집착하면 할수록 '중요한 것은 외모밖에 없다'며 시야가 좁아져 버리죠.

인기가 없는 사람은 어떤 모습이어도 인기가 없고, 인기가 있는 사람은 못나 보여도 인기가 있습니다. 그런데 좁은 시야 때문에 자신이 인기가 없는 이유가 실은 외모적으로 못나서가 아니라는 점을 깨닫지 못하는 것입니다. 아마 살을 빼서 인기가 많아진 사람은 자신감을 갖게 됐다든가 하는 다른 원인이 있을 것입니다. 그런데 시야가 좁아져서 '살만 빼면 인기가 많아질 거야'라는 비좁은 발상에 빠져 버리는 것입니다.

이것은 '나이 들고 싶지 않다, 어리게 보이고 싶다'는 갈구와도 비슷합니다. 젊음에 평가 축을 두면 '젊음이 선, 노화는 악'이라는 발상이 나옵니다. 그럼 그 사람은 외모 외에 갈고닦아서 갖춰야 할 내면의 매력이 있어도 알아채지 못합니다. 어설프게 인기를 얻기 위해 다른 부분에 노력을 기울일 필요를 느끼지 못하기 때문입니다. 따라서 외모에 과도하게 집착하는 사람일수록 경박하게 보이기 쉬운 것입니다.

그래서 하는 말은 아니지만 제가 추천하는 방법은 나이 듦에 대항

하는 안티에이징이 아니라 '저렇게 나이 들고 싶다'는 말을 들을 수 있는 '굿 에이징'을 지향하는 것입니다.

—
현실적 낙천주의자의
인생 철학

외모에 지나치게 신경 쓰는 사람은 자신을 타인과 비교하며 자신감을 갖지 못합니다. 외모 평가에서 자유로워진다면 다양한 매력을 찾을 수 있습니다.

질투심을
긍정적으로
다스리는 법

질투심이 강한 사람은 자기애도 강합니다. 자기애란, 자기 자신을 중시하거나 인정하는 감정입니다. 물론 누구나 자기애를 갖고 있고, 이것은 자기 긍정감이나 자기 유능감, 자존심으로 이어지기 때문에 꼭 필요합니다. 그러나 자기애가 너무 강하면 과도한 인정 욕구나 자기 과시욕을 낳고, 더 나아가서는 강한 질투심을 유발합니다. 그 때문에 자기 자신을 괴로운 상황으로 몰아넣거나 주변과 알력을 일으키기 쉬운 단점이 생깁니다. 자기애가 강한 사람은 스스로에 대한 평가가 너무 높은 나머지 주변의 평가나 대우에 불만을 느끼고 자신을 과시하려 합니다.

'나는 더 좋은 평가를 받아야 해.'

'주변 사람들은 나를 더 귀하게 여겨야 해.'

'나는 일류 엘리트야.'

이렇게 생각하며 자신을 과대평가하는 셈인데, 현실은 그렇지 않기 때문에 불만을 느끼게 됩니다. 그러나 이런 사람은 자기 자신을 낮게 평가하는 것을 자존심이 허락하지 않죠. 타인에게 질투심을 강하게 느끼고 남을 비꼬거나 압박하고 위협하는 모습 뒤에는 사실 이런 감정이 있습니다.

'나는 무능하지 않다고 다독이고 싶다.'

'주변에 나를 어필하고 싶다.'

'내 존재를 확인하고 안심하고 싶다.'

'인정받고 싶다.'

혹은 지나치게 높은 이상에 집착한 나머지 그에 걸맞지 않는 자기 자신에게 염증을 느껴 '어차피 나 같은 인간 따위는'이라며 스스로를 비하하는 사람.

'나는 아직 최선을 다하지 않았을 뿐이야', '나도 하면 할 수 있는데 말야', '재미 없어 보여'라고 합리화하며 애초에 노력을 회피하는 사람.

　이러한 사람들은 자신감은 없지만 자존심은 높습니다. '노력은 하기 싫은데 멸시당하고 싶지도 않다', '사실은 포기했지만 바보 취급당하고 싶지 않다'며 자신은 생각만큼 능력이 없는데 주변 사람이 자신을 깔보는 것은 견디지 못합니다. 질투심에 지배당하기 쉬운 사람 역시 노력하기는 싫은데 자신에 대한 평가는 떨어뜨리고 싶어 하지 않는 사람으로, 이들은 영원히 자기 평가와 타자 평가가 괴리된 상태로 살아가기 때문에 성공해서 칭송받는 사람에게 질투하기를 반복합니다.

　보통의 사람은 현실과 마주하고 자기애적 이미지, 즉 자신에 대한 요구 수준이나 평가를 조금씩 수정해 나가며 스스로를 설득합니다. 하지만 그렇지 못한 사람은 이런저런 괴로운 생각에 빠지게 되는 법입니다.

현실적으로
자기 자신 평가하기

　저 역시 과거에는 '나는 유능한 경영자임에 틀림없다'는 셀프 이미지와 현실과의 격차 때문에 괴로워했습니다. '나는 이렇게 열심히 하고 있는데 왜 직원들은 알아주지 않는 걸까', '이렇게 잘해 주는데 왜 불평불만만 하는 걸까' 하고 말이죠. 그리고 그런 부정적인 감정이 쌓이고 쌓여 '나쁜 건 내가 아니라 직원이다'라는 생각으로 바뀌게 됐습니다. 이처럼 비틀린 자기애는 다른 사람을 탓하게 만들어 버립니다.

질투의 괴로움으로부터 벗어나려면 스스로에 대한 평가를 수정하거나 질투심을 없애기 위한 노력이 필요합니다. 이건 꽤 어려운 작업인데, 질투심이 들면 '무언가가 잘 안 되고 있다' 혹은 '마음 어딘가에 문제가 있다'는 신호로 받아들이고 그 이유를 분석해 봐야 합니다. 분석이 가능하면 해결 방법도 보이기 시작합니다.

자기 평가를 수정하기 위해서는 현재의 자기 평가와 현실을 비교해 보는 것을 추천합니다. 종이에 '나는 이랬으면 좋겠다', '나는 이런 존재임에 틀림없다'는 자기 평가를 적고 나서 현실과 비교한 후에 자신이 갖고 있는 불만을 나열해 보는 것입니다. 그리고 나서 현실과의 격차를 받아들이고 자신이 해야 할 노력들을 정리해 봅니다. 즉 긍정적으로 나를 포기하는 방법입니다.

이 활동의 연장선으로 자신이 할 수 있는 것에만 조용히 몰입하는 것도 좋은 방법입니다. 어떤 일을 달성해 보거나 성장을 직접적으로 실감하면 자기애를 어느 정도 충족할 수 있기 때문입니다. 따라서 일단 눈앞에 있는 내가 잘하는 일, 좋아하는 일에 뛰어들어 보는 것이 좋습니다. 특히 혼자 하는 일은 조용하게 몰입할 수 있고 주변의 영향으로부터 자유롭기 때문에 더 효과적입니다.

—
현실적 낙천주의자의
인생 철학

질투심에 눈이 먼 사람은 스스로를 괴롭히고 주변과 알력을 일으킵니다. 반면 자신을 현실적으로 평가할 수 있는 사람은 스스로 자기애를 채울 수 있는 일에 집중합니다.

제4장

좋아하는 사람에게
좋은 사람이면
된다

마 음 이   편 안 한   인 간 관 계   맺 는   법

인간관계 문제를
해결하는
여러 가지 방식

　　타인의 눈을 신경 쓰는 사람, 사회가 갑갑하고 살기 힘들다고 느끼는 사람은 사실 굉장히 자기중심적인 사람입니다. 그런 사람은 주변 사람이 자신을 어떻게 생각할지가 최대 관심사이고, 자신의 일밖에 눈에 들어오지 않기 때문입니다. 타인을 위해 지나치게 배려해서 지쳐 버리는 사람은 사실 배려심이 깊은 것이 아닙니다. 좋은 사람이라고 여겨지길 원하거나 미움받고 싶지 않은 마음이 강해서 지나치게 주위 사람을 배려하는 것뿐입니다.

　　건전한 사람은 일단 자신의 의사를 중심에 둡니다. '나는 이게 하고 싶다 혹은 하고 싶지 않다', '나는 이게 좋다 혹은 싫다' 같은 의사가 우선하고, 자신의 판단이 주위 사람에게 폐를 끼치지 않도록 가능한 한 배려하려 합니다.

이 '가능한 한'이 핵심입니다. 사람은 무엇을 하든 하지 않든 타인에게 폐를 끼칠 때가 있습니다. 어린아이와 함께 걷고 있는 사람에게 누군가는 '느리다' 혹은 '방해가 된다'고 화를 낼지 모릅니다. '정말 대단하세요'라는 말을 듣고 기뻐하는 사람도 있는가 하면 비꼰다고 생각하는 사람도 있을 것입니다.

연예인처럼 유명한 사람은 곤란한 일이 더 많습니다. 자연 재해 피해 지역 주민들을 위해 밥을 지어 나눠 준 한 연예인은 '위선이다', '이름을 알리려고 그러는 것이다'라는 비난을 받기도 했습니다. 반대로 아무것도 하지 않았다면 아무것도 하지 않았다는 이유로 또 비난받았을지도 모릅니다.

모든 사람에게 호감 가는 사람이 될 수도 없고, 모든 사람에게 미움받을 수도 없는 것입니다. 완벽한 선행은 존재하지 않습니다. 사람은 모두 타인에게 크고 작은 민폐를 끼치면서 살아갑니다. 그렇기 때문에 우리는 자신과는 다른 타인의 잘못도 너그럽게 용서할 수 있는 것입니다.

애초에 '나'라는 사람은 타인을 위해 태어난 것이 아닙니다. 타인에게 폐를 끼치지 않기 위해 태어난 것도 아닙니다.

그런데 왜 타인의 평가를 그렇게까지 신경 써서 지치는 건가요?
그런데 왜 당신의 행복이 타인에 의해 좌지우지돼야 하나요?

타인의 평가가 없어도 '나는 내 모습 그대로 충분하다'고 생각할 수 있는 마음을 얻는 것이 중요합니다. 특히 다른 사람에게 미움받는 것을 무서워하는 사람은 인간관계 때문에 쉽게 지칩니다. 자신에 대한 타인의 평가를 지나치게 신경 써서 좋은 사람이 되려고 애쓰고, 자신의 뜻과 맞지 않더라도 상대방에게 맞추거나 따르기 때문입니다. 하지만 이래서는 깊은 인간관계를 쌓을 수 없습니다. 왜냐하면 속마음을 보여 주지 않는 사람은 '무슨 생각을 하는지 알 수 없는 사람', '나를 경계하는 사람'으로 여겨지기 때문에 깊은 관계를 맺기가 힘들기 때문입니다. 이런 사람은 자신을 억눌러 가며 상대방을 배려하려고 애썼는데 보상을 받기는커녕 반대로 자신에게 손해가 되는 행동을 하고 있는 셈입니다.

깊은 관계를 형성하고 싶다면 자신의 생각을 진솔하게 표현할 필요가 있습니다. 물론 자신의 의사와 다른 의견이나 주장을 가진 사람과는 부딪히게 됩니다. 그러나 나와 가치관이 완전히 똑같은 사람은 이 세상에 존재하지 않기 때문에 충돌은 어떤 의미에서 당연한 일입니다.

중요한 것은 '당신과 나는 달라도 된다'고 인정하고 받아들이는 태도입니다. '이런 사람도 있구나', '이런 생각을 하는 사람도 있구나' 하고 생각만 해도 거부할 필요도 싫어할 필요도 사라집니다.

한편 자신과 생각이 다른 사람은 받아들이지 못하는 속 좁은 사람도 분명 존재합니다. 그런 사람들은 자신의 행복한 인생에 아무런 공헌을 하지 못합니다. 따라서 자신을 싫어하는 사람에게는 차라리 조금이라도 빨리 미움받는 편이 원만한 인간관계를 유지하는 데 필요한 노력을 줄일 수 있기 때문에 사실상 바람직한 방법입니다. 하지만 다른 사람에게 미움받고 싶어 하지 않는 사람은 여기에서 고민에 빠집니다.

애초에 인간관계에 대한 고민을 해결하려면 다음 세 가지 중 하나를 선택할 수밖에 없습니다.

'현재 상태를 유지하고 내가 참는다.'
'관계를 끊거나 거리를 둔다.'
'내 생각을 바꾼다.'

먼저 현재 상태를 유지하고 참으면 나만 피폐해질 뿐입니다. 물론 불편해도 그에 상응하거나 그 이상의 큰 보상이 기다리고 있다면 이야기는 달라집니다. 예를 들어 월급을 500만 엔이나 받을 수 있다면 자신을 괴롭히는 상사도 참을 수 있을 것입니다. 하지만 큰 보상이 없다면 아무런 해결점에도 이르지 못할 뿐 아니라 마음고생에 시달릴 여지가 큽니다. 그래서 가장 피해야 할 선택지입니다.

다음으로 관계를 끊거나 거리를 두는 방법은 내가 적극적으로 관계를 끊기보다 상대방의 요청이나 권유를 거절하거나 대답을 얼버무리고 접점을 줄이는 식으로 거리를 두는 편이 현실적입니다. 예를 들어 자신에게 무례하게 행동하는 친구나 학부모와는 관계를 끊어도 특별히 곤란한 일이 없을 것입니다. 죄책감을 느끼는 사람이 있을지 모르지만, 그게 정말 나쁜 일일까요? 그 사람과 관계를 끊거나 멀어진다 해도 그 사람에게는 내가 모르는 다른 친구나 지인이 있을 테니 혹시나 '나뿐일 거야'라며 자신의 존재를 과대평가하지 않아야 합니다.

애초에 내 기분을 나쁘게 하는 상대, 내가 참아야 하는 상대를 친구라고 부를 수 있을까요? 그 관계는 이상적인 관계일까요? 그렇지 않다면 관계 정리를 이상적인 상태, 즉 관계 해소에 이르기 위한 올바른 방법이라고 결론 지어야 합니다.

건성건성 하는 마음으로
듣기 싫은 말 흘려듣기

이를테면 회사 동료나 친족 관계처럼 참는 건 싫은데 관계를 끊거나 서로 거리를 두기 힘든 경우라면 내 생각을 바꿔야 합니다. 즉 수용 방법을 의도적으로 바꾸는 것입니다. 예를 들어 설령 싫은 말을 들어도 "아, 그래요~", "그런 일도 있을 수 있겠네요~" 하며 버드나무처럼 적당히 받아넘기는 것입니다. 이런 말과 행동을 스트레스받지 않고 할 수 있으려면 '상대가 한 말을 머릿속에 넣지 않아야' 합니다. 우리가 상처받거나 불쾌해지는 이유는 상대방의 말과 그 내용을 곧장 받아들이기 때문입니다. 그러므로 말하자면 의식적으로 건성건성 하는 마음을 갖고 상대의 말을 흘려들으면 됩니다.

이 방법은 연습이 필요한데, 익숙해질 때까지는 다른 생각을 하는 것도 좋습니다. 이를테면 상대가 어떤 말을 하고 있을 때 '오늘 저녁은 뭘 먹지?', '집에 가면 드라마를 봐야지'처럼 나중에 할 일을 떠올리면 비교적 쉽게 흘려들을 수 있습니다.

예를 들어 제 둘째 아이가 다니는 보육원은 요구 사항이 굉장히 많습니다. '구멍 난 옷은 입고 오면 안 된다', '엉덩이에 조금이라도 똥이 묻어 있으면 안 된다', '등원할 때에는 안아선 안 되고 반드시 걷게 해야 한다', '담요를 꼭 챙겨 와야 한다', '평소보다 빨리 등원할 때는 사전에 반드시 연락해야 한다', '감염 위험 있으니 형제를 데리고 와서는 안 된다', '그렇다고 형제를 밖에서 기다리게 하면 사고 위험이 있으니 자제해야 한다' 등 보호자의 작은 실수나 변칙을 꼬치꼬치 캐묻듯이 지적합니다.

저는 이런 지적들이 어느 순간부터는 지긋지긋해져서 '그 정도 일로 꼬치꼬치 지적하지 마', '그런 사소한 일은 아무래도 상관없잖아', '그 정도는 유연하게 대응할 수 있잖아' 같은 생각이 들어 발끈하곤 합니다. 하지만 그 지적 자체는 옳기 때문에 반론할 수도, 보육원 측과 대화를 안 할 수도 없는 노릇입니다.

그래서 저는 보육원에 방문할 때마다 건성건성 모드로 보육 교사를 대합니다. 등원할 때에는 '네, 그럼 잘 부탁드려요~', 저녁에 하원할 때에는 '네~ 감사합니다' 하고 흘려듣고 말하는 것이죠.

저는 이제 어떤 지적이나 주의를 받아도 아무렇지 않습니다.

—
현실적 낙천주의자의
인생 철학

모든 사람이 나를 좋아할 수는 없습니다. '좋은 사람'이 되기 위해 타인의 평가에 맞춰서 행동하면 '나'는 사라집니다. 인간관계가 고민이라면 세 가지 중 하나를 선택하세요. 참으며 마음고생하든, 관계를 끊든, 생각을 바꿔야 합니다.

상대방의 생각은
상대방에게
맡기세요

저는 다른 사람이 저를 어떻게 생각하든 전혀 신경 쓰지 않습니다. 어떤 상대와 어울리고 어떤 식으로 말할지는 의식하지만 하고 싶은 말은 뭐든지 하려고 합니다. 그래서 불쾌함이나 분노를 느끼고 그런 부정적인 감정을 질질 끌고 가는 일은 거의 없습니다. 내가 한 말 때문에 상대방이 나를 어떻게 생각할지는 상대방의 문제이고, 그것은 저와는 관계 없는 일이기 때문입니다. 물론 '이렇게 말하면 상대가 이렇게 생각하겠지' 정도는 미리 생각하고, 나의 행동으로 인한 상대방의 행동에 어느 정도 대응합니다.

상황과 상대에 따라 다르겠지만 '상대가 나를 어떻게 생각할 것인가'와 '나의 이득'을 저울에 달았을 때 나의 이해가 더 크다고 판단했다면 해야 할 말을 하고 주장을 밀어붙이는 것이 더 유리하다고 생각합니다.

저의 일상을 예로 들어 보겠습니다. 저는 이자카야에 가면 주류 무한 리필을 주문합니다. 무한 리필이 되는 곳은 대개 사용한 잔을 비워야 다른 음료를 주문할 수 있는 잔 교환 제도로 운영됩니다. 하지만 저는 주문한 음료가 늦게 나올 때는 일부러 한 번에 두 잔을 주문합니다. 그럼 당연하게도 종업원이 "저희는 잔 교환 제도를 운영하고 있어서요"라고 말을 합니다. 여기에서 저는 "음료가 나오는 데 너무 오래 걸리고, 직원 분들도 한 잔 한 잔 서빙하면 더 힘들지 않나요? 이렇게 하면 서로가 더 편하지 않을까요?"라며 넌지시 제안을 합니다.

가게에서 저를 진상 손님이라고 생각할 수도 있겠지만 지금까지 그런 말을 직접 들은 일은 일단 없습니다. 그래서 '내가 무례한 걸까' 하는 생각도 제멋대로 하는 공상에 불과하다고 결론 지었습니다. 만약 직원이 불쾌한 기분이 들게 행동했다면 그 가게에는 두 번 다시 가지 않으면 될 뿐입니다. 그곳을 대신할 가게는 수도 없이 많으니까요.

상대방을 배려했는데
이상하게 찜찜할 때

다른 예로 아이가 다니는 학교에 건의를 하는 데 주저하는 부모들도 많습니다. 그 이유는 '권위주의적이고 자녀를 과잉 보호하는 부모로 비칠까 봐', '아이가 학교에서 불리한 취급을 받을까 봐 두려워서'라고 합니다.

분명 어처구니없는 요구를 하는 학부모도 있겠죠. 그런데 아이를 위한 합리적인 일이라고 생각해도 건의하지 않으면 찜찜한 상태가 지속되고 불만은 날로 쌓여만 갑니다. 그러므로 자신이 오히려 진상 학부모, 혹은 과잉 보호하는 부모라고 여겨진다면 상대방이 '나에게 대충대충 하면 일이 번잡해진다고 생각해 긴장하게 될 것'이라고 받아들이면 됩니다. 긍정적으로 생각하는 것이죠.

애초에 학교는 아이가 다니는 동안에만 인연을 맺는 곳이고, 졸업 후에는 관계가 끊어질 것입니다. 그럼에도 학교나 선생님에게 미움받으면 이런저런 불리한 일이 생기지 않을지 걱정하는 사람도 있을 것입니다. 물론 선생님도 사람이기 때문에 대하기가 힘든 아이에게 불리한 대우를 하고 싶을 수는 있겠지만, 부모의 태도가 어떻든 학교 측이 아이를 차별하는 것은 허용되지 않는 법입니다. 만약 아이가 부당한 취급을 받는 증거가 확실하다면 클레임을 넣으면 됩니다. 6년 혹은 3년은 금방 지나갑니다.

어디까지나 이것은 저의 이야기이고 조금 극단적일지도 모릅니다. 자기 주변의 인간관계를 어떻게 받아들일 것인지, 인간관계에서 무엇을 중요하게 생각하는지는 사람마다 다르지만, '저 사람에게 미움받으면 나한테 어떤 손해가 생길까', '그럴 때에는 어떻게 대처할까'를 미리 마음속에서 준비할 수 있다면 나를 짜증 나게 만드는 상대방에게 지나치게 배려하지 않아도 됩니다.

—

현실적 낙천주의자의
인생 철학

상대방이 나를 '진상'이라고 생각할까 봐 정작 해야 할 말도 못하는 건 아닌가요? 나를 불편하게 하는 배려는 진정한 배려가 아닙니다. '그렇다면 어떻게 대처할까?'를 마음속에 두고 행동해 보세요. '내 것'을 챙길 수 있습니다.

다른 사람의 문제를
내 문제로
가져오지 않기

나에게 공짜로 무언가를 요구해 오는 사람과는 애초에 어
울릴 필요가 없습니다.

"친구니까 좀 해 줘."

"후배니까 얘기 좀 들어 줘."

"같은 고향 사람이잖아."

이런 말을 하는 사람들에게 빚이 있다면 모를까, 타인에게 무언가
를 요구하면서 아무런 보수도 주지 않는 것은 굉장히 무례한 태도입

니다. 제대로 된 사람이라면 "변변찮은 물건이라 면목 없지만", "기념품을 사 왔어요", "대신에 그걸 할게요", "다음에는 제가 한 잔 사게해 주세요" 하며 공짜로 일을 시키진 않습니다.

그렇게 요구받은 일로 '저 사람이 나를 깔봤다', '바보 취급당했다'며 탄식하는 사람이 있는데, 다른 사람에게 멸시를 당했다고 해서당신의 능력이나 인격이 떨어지는 것은 아닙니다. 정말 무시를 당했다면 그 사람은 단순히 누군가를 깔보지 않으면 살 수 없는, 마음에문제를 안고 있는 사람입니다. 그것은 그 사람의 문제이고, 그런 타인의 문제를 자신의 문제로 받아들일 필요는 없습니다.

문제는 멸시당했다고 해서 자신의 격이 떨어졌다고 받아들이는것입니다. 이는 당신이 타인의 평가 기준에 따라 살고 있다는 증거입니다. 그러니 타인에게 절대로 휘둘리지 않도록 주의해야 합니다.만약 화가 나면 그 자리에서 반론합시다.

"그렇게 생각하다니 유감이네요."
"단어 선택이 부적절하네요."

이렇게 말하기 껄끄럽다면 "아, 그래요~" 하고 흘려듣고 가까이하지 않도록 합시다. 만약 상대방의 비방이나 중상이 더 심해졌다면경찰에 피해를 신고하고 민사 소송을 제기해 위자료를 청구합시다.

타인에게 휘둘리지 않기 위한
최소한의 지식 쌓기

이처럼 주장해야 할 것을 의연하게 주장하기 위해서 저는 법률 공부에 힘쓰고 있습니다. 법률 지식이 있으면 어떤 문제가 생겼을 때 겁내지 않고 저의 주장을 펼 수 있고, 합의를 하더라도 강하게 대응할 수 있기 때문입니다.

예를 들어 사업을 하는 사람이라면 경쟁 업체에게 해코지나 위협을 당해 손해가 발생하는 등 다양한 압력이나 문제에 휘말리게 됩니다. 고용인과의 문제도 발생합니다. 고용인이 자신도 모르는 사이 위법 행위를 저지르는 등의 사태는 누구나 피하고 싶을 것입니다. 법률 지식이 있으면 대비하거나 대처할 수 있으며 법적 수속 절차를 잘 알고 있으면 겁내지 않고 싸울 수 있습니다.

이뿐만 아니라 이웃과의 트러블이나 쇼핑 등 일상생활에서 일어나는 문제에 대해서도 자신이 불리해지지 않도록 대처할 수 있습니다. 예를 들어 일방적으로 날아온 가공청구사기(계약한 적 없는 상품이나 서비스를 계약했다고 속여 가공의 명목을 청구하고 금품을 가로채는 행위로, 일본에서 흔히 볼 수 있는 사기 방식-옮긴이) 우편물도 법적 근거가 전혀 없다는 사실을 인지하고 있으면 무서워서 돈을 지불하는 사태도 막을 수 있습니다.

또한 내 땅 위로 넘어온 이웃집 나무의 가지를 멋대로 잘라서 소송을 당하는 사태도 피할 수 있습니다. 클링오프(cooling-off, 일정 기간 위약금 없이 소비자로부터의 계약 해제가 인정되는 제도-옮긴이)에 대해 잘 알고 있으면 불리한 구매를 철회할 수 있고, 행정불복심사법을 알면 부당한 행정 처분을 뒤집어 엎을 가능성도 있습니다.

저는 일과 일상에서 필요한 법률은 얕더라도 넓게 알려고 노력하고 있습니다. 실제로 '보육원 보육 지침'을 제시하며 보육원과 언쟁을 벌인 적도 있습니다. 만에 하나 아이에게 어떤 일이 생기는 상황을 대비해 '따돌림 방지 대책 추진법'의 개요도 파악해 두었습니다. 이런 이유로 어른들이 법률을 배워야 한다고 생각해서 짬이 날 때마다 법률서를 읽으려고 합니다. 이렇듯 법률 지식이 있으면 다양한 리스크를 피할 수 있고 대처할 수도 있습니다. 리스크가 줄면 삶의 질이 더 올라갑니다.

—
현실적 낙천주의자의
인생 철학

다른 사람의 기준과 행동에 휘둘리는 사람은 상대방의 무례한 요구와 태도도 받아 줄 수밖에 없습니다. 타인에게 휘둘리지 않으려면 자신에게 득이 되는 공부로 품격 있는 무기를 갖춰야 합니다.

친목에
스트레스받지 않는
태도

주변 사람들은 어떻게 생각했을지 모르지만, 저는 비교적 직장에서 고립되기 쉬운 사람이었습니다. 왜냐하면 동료들과 점심을 먹거나 야근할 때 저녁을 먹는 게 어색해서 누군가에게 종종 제안을 받아도 거절했기 때문입니다. 낯가림도 심하고 말주변이 없어서 밥은 혼자 먹는 게 마음이 편했습니다. 당시에는 별생각이 없었는데 지금 생각해 보면 제가 먼저 혼자가 되려고 했고, 그런 분위기를 내뿜었다고 생각합니다.

저처럼 직장에서 잘 어울리지 못하고 고립되는 사람도 있으리라 생각합니다. 그렇다고 고민할 필요도 없고 혹 따돌림을 당한다고 해서 괴로워할 필요도 없습니다. 왜냐하면 회사는 일을 하는 곳이고 일에서 좋은 성과를 내는 것이 무엇보다 중요하기 때문입니다. 먼저 직장의 평화를 해치거나 험악한 관계를 만들지 않는다면, 주변 사람과 잘 지내지 못해도 일에서 좋은 성과만 낸다면 회사로부터 인정받는 법입니다.

　회사에서는 업무에 필요한 대화만 해도 충분합니다. '어떻게 하면 직장 내 인간관계가 더 좋아질 수 있을까?', '점심시간이 너무 고독해서 괴로워', '어떻게 하면 저 무리에 들어갈 수 있을까' 등등을 생각하는 것은 일에 도움도 안 되고 고통스럽기만 하므로 그런 것에 신경 쓰지 말아야 합니다.

　직장에서는 우선순위가 아닌 일로 스트레스받기보다 성과를 내는 데 전력을 다하세요. 일을 잘하는 사람은 주변 사람에게 좋은 평가를 받기 마련입니다. 일에서 좋은 성과를 낸다면 점점 자기 위치의 존재감을 느끼고 고립감이 옅어질 것입니다. 일을 잘하는 사람은 인간관계를 맺는 데 서툴거나 흥이 부족하거나 말주변이 없어도 주변 사람들이 '저 사람은 원래 저런 사람이니까' 하고 이해하게 되어 하나의 개성으로 인정받게 됩니다. 그러므로 직장 내 인간관계가 아닌 성과에 포커스를 맞춰 보세요.

무뚝뚝하지 않게
행동하라

다만 퉁명스럽게 행동해서는 안 됩니다. '가까이 오지 마'라는 분위기를 풍기면 '다가가기 어려운 사람'이라는 인상을 주게 됩니다. 그럼 성과를 내기가 어려워집니다. 다른 사람이 '저 사람은 타인을 배제하려고 해', '왜 늘 경계하는 걸까'라고 생각하도록 만드는 것은 나에게 큰 손해입니다. 그저 내성적이고 얌전한 사람일 뿐이라고 생각할 수 있도록 행동해야 합니다.

예를 들어 '인사는 웃는 얼굴로 하고 대답할 때도 활기차게'라는 원칙을 염두에 두면 좋습니다. 누군가가 말을 걸면 일단 하던 일을 멈추고 입꼬리를 올려 상냥하게 대응하도록 합시다.

특히 저는 옛날부터 가만히 있으면 '화가 난 것 같다'는 말을 자주 들었습니다. 미간에 주름이 있어서 더더욱 퉁명스럽게 보이기도 하여 사람들 앞에서는 가능한 한 웃으려고 노력합니다. 늘 그럴 수 있는 건 아니지만 말이죠.

그리고 흔한 말이지만, 주변 사람에게 감사함을 전하는 것도 중요합니다. 더 구체적으로 말하자면 '고맙다'는 말을 입버릇처럼 할 수 있어야 합니다. 비꼬듯이 하는 고맙다는 말은 논외로 하고, 상대방에게 고맙다는 말을 들어서 기분 나쁠 사람은 없습니다. 그럼 호의까지는 아니더라도 적어도 '배려할 줄 아는 좋은 사람'이라는 인상을 남길 수 있습니다. 그럼 당신이 혼자 있을 때나 무리에서 소외됐을 때 주변 사람이 마음을 써서 말을 걸어 줄 가능성이 높아집니다.

혹시 떠오르는 순간이 없나요? 평소 배려를 잘하는 사람이 어쩐지 쓸쓸해 보일 때 '무슨 일이 있는 걸까' 하고 신경이 쓰여 말을 걸고 싶어졌던 적 말입니다. 인간은 주변에 늘 감사해하는 사람을 내버려 두지 못하는 법입니다. 그래서 고독이나 고립을 잘 느끼는 사람일수록 주변 사람을 세심하게 챙기고 감사할 줄 알아야 합니다.

—
현실적 낙천주의자의
인생 철학

인간관계 때문에 스트레스받으며 무리에 들어가려고 하지 않아도 됩니다. 직장인은 성과를 내는 데 집중하면 자연스럽게 존재감도 생기기 마련입니다.

관계 정리
못하는 사람이
많이 하는 오해

벗어나고 싶은 그룹, 그만두고 싶은 조직, 끊고 싶은 관계가 있는데 그렇게 하지 못해서 고민인 사람이 적지 않습니다. 예를 들어 아이 친구들의 엄마들, 자치 위원회, 가족, 친족 등과의 인간관계로 괴로워하지만 '벗어날 수 없다', '내가 그만둘 순 없다', '계속 이어 가기는 힘들다', '요구를 받아들일 수 없다'고 탄식하죠.

그러나 그 무리에 소속해야 한다고 정한 사람은 아무도 없고, 그 누구도 그곳에서 벗어나면 안 된다고 말하지 않았습니다. '할 수밖에 없다'는 생각도 마찬가지입니다. 이 모든 생각은 우리 안에서 멋대로 만들어진 것에 불과합니다. 성인이고, 경제적으로도 자립한 사회인이라면 직업도, 사는 곳도, 어울리는 사람도, 소속할 그룹도 전부 선택할 수 있습니다.

어른이 되면 시골 생활에 염증을 느껴 도시로 이사할 수도 있고, 배우고 싶은 것을 위해 학교에 들어갈 수도 있고, 흥미를 잃었다면 그만 배울 수도 있습니다. 이직도 마찬가지입니다. 범죄만 저지르지 않는다면 당신을 구속하는 것은 아무것도 없고, 애초에 타인에게 당신의 행동을 제한할 권리 같은 것도 없습니다. 만약 누군가가 당신에게 무리한 요구를 한다면 강요죄로 처벌받게 되겠죠.

한편 '학부모 모임에 나가기 싫지만 안 나갈 수 없다'며 괴로워하는 사람들도 있습니다. 보통은 '나와 성향이 잘 맞아서', '합이 좋아서' 같은 이유로 자연스럽게 가까워진 사람들과의 모임에서는 즐거운 시간을 보낼 수 있을 것입니다. 하지만 그저 아이들끼리 같은 학교에 다니고 같은 학년이라는 이유만으로 기분이 상하면서까지 학부모들과 어울려야 한다는 법은 그 어디에도 존재하지 않습니다.

"모임에 안 나가면 아이가 따돌림을 당할 것 같아요."
"정보 교류를 못해서 저희 아이만 뒤떨어질지도 모르잖아요."

이런 걱정을 하는 사람도 있을지 모릅니다. 그러나 아이들에게도 아이들 나름의 관계가 있습니다. 부모들의 사이가 좋고 나쁨은 관계가 없습니다. 만약 어떤 부모가 자기 아이에게 당신의 아이와 놀지 말라고 말했다면 당신은 아이에게 "그건 엄마들의 문제이지 너희의 문제가 아니야. 그러니까 너희는 우리랑 상관없이 즐겁게 놀아도 되지 않을까? 그 친구한테도 그렇게 말해 볼래?"라고 말해 보세요.

학교 교육과 관련된 정보는 담임 선생님에게 들으면 되고 그 외의 정보는 인터넷에서도 얼마든지 찾을 수 있습니다. 학부모 모임에 꼭 나가야만 얻을 수 있는 특별한 정보는 그렇게 많지 않을 것입니다.

친구 관계도 마찬가지입니다. 늘 푸념만 늘어놓거나 너무 무례하게 굴어 당신을 발끈하게 만드는 친구가 있다면 거리를 두세요. 애초에 당신의 기분을 상하게 하는 상대를 진정한 친구라고 부를 수 있을까요?

민폐 끼칠까 봐
말 못하는 두려움 떨치기

'상사가 회사를 그만두지 못하게 한다'는 사람이 있는데, 회사는 해고할 권한은 있어도 본인의 의지로 그만두고 싶다는 사람을 만류할 권한은 없습니다. 사직서를 상사에게 제출하고 다음 날부터 회사에 안 나가면 그만입니다. 회사나 상사에게 전화가 와도 안 받으면 그만입니다. 혹은 최근 유행하는 퇴직 대행 서비스에 의뢰하는 방법도 있습니다.

'그만두겠다'고 말할 수 없는 배경에는 '상대방의 부정적인 반응을 보고 싶지 않아서', '지금 그만두면 다른 사람들에게 폐를 끼치는 것 같아서', '남은 사람들에게 뒷손가락질을 당할지도 몰라서', '나를 무책임하다고 생각할지도 몰라서' 같은 두려움이 존재할 것입니다.

이것은 조직이나 단체로부터 벗어나고 싶은데 벗어나지 못하는 모든 사람에게서 공통적으로 발견할 수 있는 공포심입니다. 이들에게는 자신이 궁지에 몰리거나 불만이 있어도 '좋은 사람이고 싶다'는 바람이 강력하게 작용합니다.

하지만 이런 생각은 '나를 (이렇게) 생각하지 않을까'라는 근거 없는 망상에 불과합니다. 실제로 그런 상황에서 좋은 사람으로 행동해 봤자 아무도 당신에게 무언가를 해 주지도, 감사하지도 않을 것입니다. 또한 회사를 그만둔 후에 그들이 무슨 말을 하든 당신과는 더 이상 상관없는 일입니다. 회사에 남은 사람은 남은 사람들끼리 잘 하면 되죠. 그들이 어떻게 생각하든 당신에게는 어떤 이득도 손해도 발생하지 않습니다. 이제는 아무래도 좋은 그저 완전한 남이 됐으니까요.

'내가 빠져나오면 다른 사람에게 민폐일 것이다'라는 걱정도 기우입니다. 당신이 그만두면 그 일은 누가 할까요? 다른 사람에게 갈 것입니다. 당신이 그만두면 회사가 돌아가지 않을 거라는 생각은 당신의 생각에 불과합니다. 애초에 당신이 그렇게 중요한 존재라면 회사는 당신이 그만두고 싶은 생각이 들지 않게끔 대우했을 것입니다. 하지만 당신은 아무래도 좋다고 생각했기 때문에 그만두고 싶게 하는 대우나 환경, 상황이 주어진 것이죠.

자신에게 푸대접하는 조직에게 소중한 시간을 바치는 것은 인생을 낭비하는 일일 뿐입니다. 세상에는 당신이 더 즐겁게 일할 수 있는 조직이 많고 당신에게는 선택권이 있습니다. 당신의 선택할 권리를 포기해서는 안 될 것입니다.

—
현실적 낙천주의자의
인생 철학

거리를 두고 싶은 무리, 그만두고 싶은 회사인데도 '나 때문에'라는 생각으로 불만족스러운 관계를 이어 가는 사람이 있습니다. 내가 받는 대우가 어떤지 생각한다면 고민하지 않고 관계를 정리할 수 있을 것입니다.

말하지 않아도
다 아는 관계는
없다

점차 전업주부 세대가 줄어들고, 맞벌이 부부 세대가 늘고 있습니다. 앞으로도 이 흐름은 계속되어 맞벌이가 주류가 되리라 생각합니다. 그래서 최근에는 '맞벌이 부부인데 남편이 가사 육아를 함께하지 않아서 너무 힘들다'는 아내 분들의 고민을 많이 듣습니다.

실제로 일본 후생노동성의 '소비 생활에 관한 패널 조사'에 따르면 여성의 행복도는 '아이가 없는 전업주부, 아이 없이 일하는 아내, 아이가 있는 전업주부, 아이가 있는 일하는 아내' 순으로 높다고 합니다. 이것은 현실적으로 아내에게 가사와 육아의 부담이 치우쳐 있기 때문일 것입니다.

배우자의 활약을 응원하지 못한다면 가족의 존재 가치는 없다고 생각합니다. 아내가 꿈을 이루고 사회에서 활기 넘치게 일할 수 있도록 지원하는 것도 남편의 의무이죠. 아내는 가정주부도 아니고 베이비시터도 아닙니다. 남편과 아내, 그리고 아이들도 반짝반짝 빛나는 삶은 살 수 있도록 서로 존중하고 인정하고 협력해 나가는 것이 바로 가족이라고 생각합니다. 그렇지 못한 관계는 단순한 동거인에 불과하고, 애초에 함께하는 의미가 없다고 생각합니다. 그렇다면 뿔뿔이 흩어지는 편이 더 좋을지도 모릅니다.

하지만 그렇게 하기가 힘든 부부가 압도적으로 많을 텐데, 그렇다면 일단 대화로 해결하는 것이 좋습니다. '가족인데 내 마음을 알아주지 않는다'고 말하는 사람도 있습니다만, 아무리 가까운 사람이라도 말하지 않으면 알아주지 않습니다. 상대방은 초능력자가 아니기 때문이죠. 가장 바람직한 방법은 육아에 돌입하기 전 단계, 즉 아이를 만들기 전, 임신 사실을 알았을 때, 혹은 둘째나 셋째 자녀 계획에 대한 이야기가 나왔을 때 가사 육아의 역할 분담을 확인해 두는 것입니다.

하지만 서로 확인했음에도 불구하고 남편은 변함없이 늘 야근으로 집에 늦게 돌아오고, 아내가 육아 독박을 쓰게 된 가정이 많은 듯합니다. 혹은 '같이 하자', '도와 달라'고 말해도 하지 않는 경우도 있을 것입니다.

관계가 돈독해지는
기술

아내가 애초에 포기한 경우도 있습니다. '내가 하는 게 빠르다', '남편이 너무 대충 한다', '말하기도 귀찮다', '설득할 힘도 없다'는 이유죠. 앞으로는 더더욱 '아빠 육아'가 필요합니다. 그러려면 일단 잔일부터 구체적으로 요청하는 것이 좋습니다.

"기저귀 세 장에 아이 이름을 적어서 백팩에 넣어 줘."
"오늘은 분리수거 날이니까 현관에 꺼내 둘게. 집에서 나가는 길에 버려 줘."

이렇게 초등학생도 할 수 있는 작은 일부터 부탁하고 그것을 반복하는 것입니다. 그리고 한 가지 일을 괜찮은 수준으로 처리하면 다음 일을 부탁하고 남편의 행동 범위를 넓혀 나갑니다. 그런 후 가사육아 분담표를 만들어서 냉장고에 붙여 두는 가정도 있다고 합니다.

이때 화를 내거나 불평불만을 하거나 지적을 하지 않는 것이 중요합니다. '왜 안 해 주는 거야!', '그게 아니잖아!', '왜 그렇게 어설픈 거야!', '이 정도는 할 수 있잖아!', '똑같은 소리를 몇 번씩 하게 만들지마!' 등처럼 말입니다. 하나하나 지적당하면 남편도 '뭐야, 모처럼 도와주려고 하는데', '불만이 있으면 처음부터 당신이 해' 등처럼 반발

심이 생기고 허탈해하기 때문입니다.

가족 간의 대화에서도 말투가 중요합니다. 명령이나 잔소리가 아니라 부탁을 해야 합니다. 예를 들어 '빨래를 개 주면 좋겠는데'라고 말이죠. 그리고 처음부터 자신과 똑같은 수준으로 할 것을 기대하지 않아야 합니다. 보통 구깃구깃하다든가 거칠게 해 놓았다며, 자신과 똑같은 수준으로 해 주지 않는 데 짜증을 느끼기 쉬운데, 처음부터 완벽하게 할 수 없는 일이라고 생각하면 마음이 편해집니다. 욱하게 되더라도 조금씩 마음을 누그러뜨리기 바랍니다. 매일 바빠서 그럴 여유가 없다는 것도 압니다. '그렇게까지 하는 건 귀찮다', '그럼 내가 하는 게 낫다'고 생각하는 것도 이해합니다. 그러나 남편이 육아를 함께하지 않는다면 결국 아내가 피폐해집니다.

—
현실적 낙천주의자의
인생 철학

'차라리 내가 하고 말지'라는 생각은 가장 가까운 사람과 멀어지게 합니다. 말하지 않아도 알 수 있는 마음은 없습니다. 솔직하게 말하는 사람이 마음도, 관계도, 가족도 지킬 수 있는 법입니다.

가족 관계와
내 인생을
모두 지키는 방법

그럼에도 바깥일이 너무 바빠서 남편이 함께 하지 않거나 분담이 불가능하다면 베이비시터나 가사 대행 서비스 등 외주를 이용합시다. 그럼 가사와 육아, 그리고 일도 양립할 수 있습니다. 돈이 많이 든다고 생각할지 모르지만, 육아로 힘든 시기는 초등학교 저학년 정도까지이므로 그 기간에 한정해 가사 대행 서비스를 이용한다고 생각하면 됩니다.

저의 지인인 여성 편집자는 둘째가 태어났을 때 "내 월급의 대부분이 가사 도우미와 베이비시터 비용으로 사라졌다"라고 말했는데, 커리어를 중단하지 않고 양립했기 때문에 육아를 끝낸 지금은 편집장

자리에 올랐습니다. 연봉은 1,000만 엔이 넘습니다.

저희 집도 아이가 보육원에 들어갈 수 없었을 때에는 베이비시터 비용만 월 20만 엔 이상 들었고, 가사 대행 서비스는 지금도 이용하고 있습니다. 저희는 가사에 들일 시간에 일을 하는 편이 더 많은 돈을 많이 벌 수 있다고 생각합니다.

가사 대행은 청소나 세탁은 물론이고 일주일 치의 반찬을 만들어주는 서비스도 있습니다. 이 서비스를 이용하면 퇴근길에 장을 보러 가거나 요리를 하는 데 드는 시간을 절약할 수 있습니다. 외식할 때 먹는 음식이나 슈퍼에서 파는 반찬보다도 훨씬 건강합니다.

베이비시터 서비스 중에는 아이를 보육원에서 집으로 데려다주는 서비스도 있어서 야근을 하더라도 안심할 수 있습니다. 이를테면 한 시간만이라도 베이비시터가 공원이나 놀이터에서 아이를 데리고 가서 돌봐 준다면 엄마도 안심하고 퇴근 후에 한숨을 돌릴 수 있을 것입니다. 보육원이 쉬는 일요일이나 공휴일에도 베이비시터에게 잠시만이라도 아이를 맡길 수 있다면 마음에 여유가 생깁니다. 자치단체가 운영하는 가족 지원 센터에서는 전문 베이비시터보다 훨씬 저렴한 가격으로 베이비시터 서비스를 제공하고 있습니다.

다른 사람이 집에 들어오는 걸 싫어하는 사람도 적지 않은데, 매번 같은 사람이 집에 오면 점차 익숙해집니다. 학부모 친구들처럼 거리감은 있는 타인이지만 비교적 탁 터놓고 이야기할 수 있는 사이가 될 수 있죠. 이는 단순히 익숙해지기만 하면 되는 문제입니다.

간혹 베이비시터에게 아이를 맡기는 데 죄책감을 느끼는 사람도 있는 듯합니다. 해외에서는 베이비시터를 두는 것이 매우 흔한 일입니다. 베이비시터에게 아이를 맡기는 것이 나쁜 일이라면 보육원에 맡기는 것도 나쁜 일이 돼 버립니다. 아이를 베이비시터나 보육원에 맡긴다고 해서 아이의 발육이 늦어지는 것도 아닙니다.

그런 이유로 가사 대행 서비스를 이용할 생각이 없다면 남편이 가사 육아를 하지 않는 데 불만이 없어야 합니다. 가장 쉽게 선택할 수 있는 방법을 스스로 배제하는 것이기 때문이죠. 덧붙이자면 그것은 오히려 '자기 입장만 생각하는 것'입니다. 다른 사람을 집에 들이더라도 가사 노동으로부터 해방되는 것과 불만을 계속 안고 가사와 육아에 쫓기는 것 중 어느 쪽이 더 가족을 위한 길일까요?

가사 대행 서비스를 이용하고 싶어도 경제적인 이유로 남편의 반대에 부딪힐지도 모릅니다. 그러나 '아내가 해야 한다', '가사와 육아를 외주로 한다면 아내로서 엄마로서 자격이 없다', '우리가 직접 해야 한다', '돈이 아깝다' 같은 남편의 발언은 근거가 약합니다. 이러한 주장은 단순히 고정 관념이나 편견에 불과합니다. 애초에 외주란 시간과 노력을 돈으로 사는 합리적인 행위이고, 그 대신 가족과 보내는 시간과 여유를 얻는 것은 가족의 안정을 위해 중요한 일입니다.

그래서인지 저의 전 직장인 외자계 컨설턴트 회사를 비롯한 업계의 사람들 중에는 가사 대행과 베이비시터를 모두 이용하는 가정이 많았습니다. 맞벌이 부부가 많은 해외나 도쿄 도심부에서는 굉장히 흔한 일입니다.

아이는 자라고
엄마의 인생은 계속된다

유소년기 아이의 발육에 무엇보다 중요한 요소는 정서가 안정적인 부모입니다. 아이의 건전한 정신은 건전한 부모의 마음에 의해 형성됩니다. 그런데 엄마가 너무 바빠서 마음에 여유가 없으면 아이를 차분하게 마주할 수 없고, 아이도 그런 부모의 불안정함을 민감하게 느껴 덩달아 정서가 불안정해집니다. 그럼 아이가 자기 긍정감이 자라나지 못하고 애착 장애를 갖게 될 리스크도 있습니다. 그렇기 때문에 엄마가 아이에게 충분한 애정을 쏟기 위해서라도 남편이 같이하지 않는다면 다양한 서비스를 활용하는 것이 좋습니다.

출산 후 커리어를 지키고 싶다면 설령 남편이나 시가의 반대가 있어도 출산 휴가와 육아 휴가를 내고 나중에 복직하는 편이 좋다고 생각합니다. 출산을 계기로 퇴직하는 사람도 있는데, 커리어를 중단하고 사회로부터 이탈하면 재취업할 때 어려움을 겪을 수 있고, 생애 임금이 크게 떨어질 위험도 있습니다.

일본 후생노동성의 임금구조기본통계조사를 토대로 계산해 보면 여성 정직원이 버는 생애 임금은 약 1.5억 엔입니다. 이것을 40년으로 나누면 연봉은 약 370만 엔입니다. 반면 시급 1,000엔을 받으며 하루 6시간을 일하면 연봉은 약 150만 엔에 불과합니다. 그 차이는 40년으로 계산했을 때 무려 8,800만 엔이나 차이가 납니다. 자칫 생애 임금이 1억 엔이나 줄어들지도 모르는 것입니다.

경제적인 측면뿐만 아니라 일을 계속하면 자신의 커리어나 능력을 펼칠 기회가 많아집니다. 아이와 함께 좁은 세계에 갇혀 버리면 시야도 좁아져 충족감을 얻을 수 없습니다. 엄마도 일을 해서 사회적인 관계를 맺어야 자신의 존재 가치를 인식할 수 있는 법입니다.

육아는 중요하지만 엄마에게는 엄마의 인생이 있습니다. 아이는 어차피 부모의 곁을 떠나지만 엄마의 인생은 그 후에도 계속됩니다. 자신을 희생해서까지 아이를 위해 최선을 다하는 것은 많은 부모의 본능적 욕구이고, 분명 그것은 기쁨이기도 합니다. 그러나 만약 '내가 희생하고 있다'고 느낀다면 어딘가 잘못된 것이 아닐까요?

앞서 이야기했듯이 아이를 보육원에 맡기는 것에 죄책감을 느끼는 사람도 있을지 모르는데, 보육원은 보육원대로 이점이 큽니다. 보육원에서는 아이가 다른 친구들과 함께 어울리며 사회성을 기를 수 있고, 엄마와 둘이 시간을 보낼 때보다 더 풍부한 어휘를 접할 수 있습니다. 그림책 읽기나 운동, 리트미크(rythmique, 리듬을 도입하여 심신의 조화와 발전을 도모하는 교육법-옮긴이) 같은 교육적인 놀이도 접할 수 있습니다. 또한 보육원에는 집에서 먹는 밥보다 영양학적으로 훨씬 균형 잡힌 훌륭한 급식도 마련돼 있습니다. 환복이나 배변 같은 자립 활동도 배울 수 있습니다. 바이러스에 감염되어 발열을 일으키는 경우도 많지만, 그로 인해 아이에게는 면역력이 생깁니다.

무엇보다 부모가 낮 시간 동안 아이와 떨어져 지내면 마음에 여유가 생겨 저녁에 충분히 아이에게 애정을 쏟을 수 있습니다. '세 살까지는 엄마가 돌보는 게 좋다'는 말은 과학적 근거가 전혀 없습니다.

만약 아이가 보육원에 들어가지 못해 대기 상태이거나 일과 육아의 양립 때문에 고민이라면, 앞서 이야기했듯이 관련 서비스를 이용함으로써 양립을 가능하게 할 수 있습니다. 비용이 들더라도 정직원으로 일을 계속하는 편이 장기적으로 봤을 때 확실하게 이득입니다. 앞으로도 경제 활동을 충분히 할 수 있는 젊은 나이에 불과 몇 년의 육아를 위해 커리어를 포기하는 것은 너무나 아까운 일입니다. 아이가 초등학교 고학년 정도만 돼도 부모보다 친구를 우선합니다. 그

래서 저는 아내가 일하고 싶어 하면 남편이 어떻게든 지원하는 편이
좋다는 입장입니다.

—
현실적 낙천주의자의
인생 철학

남편은 하지 않고 아이는 키워야 하니까 자신의 커리어를 포기하는 엄마가 많
습니다. 편리하게 마련된 사회적 서비스, 남편의 이해심으로 엄마가 엄마의 인
생을 살도록 돕는다면 가족 모두가 더 행복해질 수 있습니다.

○ 제5장 ○

일을
놀이로
만들어라

뭘 해도 잘 풀리는 사람이 되는 법

많은 직장인이
잊는
일에서의 룰

'회사에서 나를 인정해 주지 않아', '이렇게 노력하는데 상사가 나를 좋게 평가하지 않아', '나보다 부진한데 저 사람이 먼저 승진하다니 회사가 보는 눈이 없어'라고 고민하고 한탄하고 불만을 표출하는 사람들이 있습니다. 마음에 짚이는 무언가가 있다면, 당신이 형편없거나 상사 혹은 회사가 형편없는 경우 둘 중 하나입니다.

우선 당신이 형편없는 경우입니다.

회사에서는 어쩔 수 없이 다른 사람에게 평가를 받아야 하고, 스스로 자신을 평가할 일은 없다는 점을 인식할 필요가 있습니다. 취미라면 '나는 그럭저럭 열심히 하고 있다'거나 '실력이 꽤 늘었다'며 자기 만족에 그쳐도 되지만, 일은 기본적으로 내가 아닌 다른 누군가를 위해 하는 것입니다.

예를 들어 영업직이라면 고객을 위해, 사무직이라면 상사나 회사 직원을 위해 일합니다. 그리고 일이라는 것은 결국 그 사람들을 기쁘게 할 만한 성과를 내는 것입니다. 그런데 '나는 이렇게 열심히 노력하고 있는데'라는 한탄은 일에 대한 관점을 정반대로 바꿔 버립니다. 일단 그 인식을 고치지 않으면 어느 회사에 가도 똑같은 불만을 반복하게 됩니다. 영원히 불평불만만 하게 되겠죠.

노력은 결과가 나온 후에 인정받는 법인데 결과가 훌륭하지 않은데 노력을 인정해 달라고 하는 것은 너무 무리한 요구가 아닐까요? 결국 그 노력의 방향이나 방식이 잘못됐기 때문에 좋은 결과가 안 나오는 것이고, 그런 부적절한 노력은 칭찬받을 수 없을 것입니다.

이는 마치 프로 야구 선수가 '매일 이렇게 방망이를 휘두르며 열심히 노력하고 있는데 나를 인정해 주지 않는 감독이 이상하다'고 말하는 것과 같습니다. 타자라면 모름지기 타석에 서서 출루하거나 타점을 내서 결과를 내야만 인정받는 법입니다.

'시급이나 급여를 올려 달라'는 요구도 이와 비슷합니다. 주변 동료 이상으로 회사의 매출에 공헌하고 있음을 증명할 수 있다면 몰라도, 먼저 급여를 올려 달라고 말하는 것은 회사 입장에서 성가시게 느껴질 뿐입니다. 진정 인정받는 사람이라면 "그럼 그만두겠습니다"라고 말했을 때 퇴사를 만류당할 것입니다.

'나보다 일을 못하는 직원이 먼저 승진해서 분하다'는 경우에도 사실은 본인에게는 보이지 않는 그들의 노력이 존재했을지 모르는 일입니다. 따라서 질투하기 전에 그들에게 "어떤 점을 인정받아서 승진했다고 생각하세요? 저도 이어서 승진하고 싶어요"라고 물어보는 건 어떨까요? 너무 분해서 묻지 못하는 사람도 있겠지만 그 자존심이 돈을 벌어다 주나요? 오히려 방해만 하지 않을까요?

또는 '영업 성적으로 따지면 내가 더 우수한데' 하고 질투심이 든다면 정확히 그의 어느 면이 우수한지 그 평가 기준을 파악할 필요가 있습니다. 예를 들어 회사에서 좋게 평가하는 것이 매출인지, 이익률인지, 신규 고객 유치 건수인지, 리더십인지 등등 상사에게 직접적으로 평가 기준을 확인해 보지 않으면 알 수 없습니다.

나에 대한 평가를 들어야 할 때

만약 자신에 대한 평가나 대우에 불만이 있다면 상사와 이야기하는 자리를 만들어 봅시다. 인사 평가는 상사의 업무이고 회사로부터 주어진 직무 권한이므로 상사에게는 그에 대해 설명할 책임이 있습니다. 따라서 "저의 어떤 점이 부족한가요?", "제가 어떤 역량을 기르면 더 좋은 평가를 받을 수 있을까요?"라고 솔직하게 조언을 구해 보는 것입니다. 그래서 상사의 이유에 명확한 근거가 있어서 납득할 수 있다면 그걸로 됐습니다. 상사의 조언대로 업무에 임해 보는 것입니다.

반면 대답을 얼버무리거나 거짓으로 대답하는 등 설명에 논리가 없어서 납득하기 어려운 경우라면 상사가 형편없는 사람일 가능성이 높습니다. 형편없는 상사의 대표적인 특징은 '편애'입니다. 실제로 상사에게 편애를 받아서 좋은 포지션을 얻은 동료나 선배가 있다면 오히려 불쌍하게 여겨야 합니다. 실력에 맞지 않는 일을 맡아서 좋은 결과를 내지 못할 가능성이 있기 때문입니다.

이번에는 상사나 회사가 형편없는 경우입니다.

이것을 확인하려면 상사의 상사와 상담해 보는 것이 좋습니다. "저에 대한 평가의 근거에 대해 상사에게 설명을 요구했지만 제대로 된 답을 돌려주지 않아 납득하지 못하고 있습니다. 앞으로 제가 어떤 노력이나 연구를 해야 하는지, 어떤 기술을 향상시켜서 회사에 공헌하면 좋을지 몰라서 곤란합니다"라고 말이죠. 그 자리를 계기로 상사와 다시 한번 이야기할 시간을 마련해서 납득할 만한 설명을 들는 것이 가장 바람직합니다.

만약 상사의 상사가 아무런 액션을 취하지 않거나 마찬가지로 적당히 흘려듣는다면 회사 전체가 형편없다는 결론을 내려도 좋습니다. 그럴 때에는 이직을 고려하는 등 앞으로의 처신에 대해 생각하는 것이 좋습니다. 회사 자체가 형편없다면 앞날은 굉장히 위태로울 것이고, 당신 역시 성장하지 못하고 회사와 함께 가라앉을 가능성이 높기 때문입니다. 만약 당신이 유능하다면 어느 회사에 가든 멋지게 활약할 수 있을 것입니다.

—

현실적 낙천주의자의
인생 철학

직장인의 본분을 잊고 인정받지 못한다며 억울해하는 사람은 어느 회사를 가도 똑같은 불만을 늘어놓습니다. 문제가 자신에게 있는지, 상사나 회사에 있는지 객관적으로 진단할 수 있는 사람이 다른 사람에게 좋은 평가를 받습니다.

회사를 그만두지
못하면서
불만만 많아진다면

'회사의 방침이 말이 안 된다', '회사가 블랙 기업이다'라며 불만을 토로하는 사람들이 있습니다. 여기에서도 마찬가지로 불만 해결의 대전제가 존재합니다.

'그렇게 불만이 많으면 그냥 그만두면 될 텐데.'

그 회사에서 계속 일하든 그만두든 그 선택은 완전히 개인의 자유입니다. 그럼 '그렇게 말은 해도 갈 곳이 없으니까 이곳에서 일할 수밖에 없다'는 목소리가 들려옵니다. '조건을 따지지 않는다면'이라는 전제하에 하는 말이지만 사실 일자리는 어디에나 있습니다.

그렇게 힘들면 일단 아르바이트든 뭐든 해서 그 회사에서 벗어나는 편이 정신 건강에 좋을 것입니다. 그럼 대체 왜 그만두지 못하는가 하면 그런 불만보다는 급여, 정직원이라는 입장을 포기하지 못해서, 이직이 귀찮아서 등 다른 조건이 더 크게 작용하기 때문입니다. 다시 말해서 '그만두지 않고 지금 이대로 유지하는 것이 좋다'는 선택을 한 셈입니다.

'회사가 나를 그만두지 못하게 한다'는 것도 환상입니다. 고용 계약 내용에도 있지만, 일반적으로는 적어도 퇴사 2주 전까지 회사에 사직서를 제출하기만 하면 됩니다. 회사가 재직자의 퇴직을 만류하는 것은 근로 기준법에 저해될 위험도 있습니다. 직업 선택의 자유가 보장되는 사회에서 누군가를 특정 회사에 묶어 둘 순 없습니다. 싫으면 그만두면 되지, 애초에 걱정할 필요가 없는 것입니다.

회사와 관계를 맺는 네 가지 방식
이탈, 항의, 충실, 그리고 물들기

세계적인 정치경제학자 앨버트 허시먼은 조직과 멤버(혹은 고객)의 관계는 세 가지 '이탈(exit), 항의(voice), 충실(loyalty)'로 나뉜다고 말했습니다. 불만이 있거나 자신에게 의미와 가치가 없다고 느낄 때 그 조직에서 벗어나는 것이 '이탈'입니다. '항의'는 가령 상사나 회사의 상층부에 대한 건의나 내부 고발 등으로 조직의 개선이나 활성화를 호소하고 바람직한 모습으로 변혁을 촉구하는 행위를 말합니다. 마지막으로 '충실'은 그 조직에 대한 애사심과 충성심이 있고 조직에 동화되거나 연대하려는 자세입니다.

저는 여기에 '물들기'라는 관계 방식이 하나 더 존재한다고 생각합니다. 이탈이나 항의를 할 용기는 없고, 그렇다고 충실함도 없는 경우입니다. 면종복배하고 그 조직에 머무는, 이른바 사축(社畜. 회사의 가축처럼 일하는 직장인이라는 뜻의 신조어-옮긴이)입니다. 이런 관계를 지속하는 것은 인생을 낭비하는 짓이죠. 따라서 만약 그 회사에 충성심이 없고 항의할 용기가 없다면 이탈을 택하는 것이 낫습니다.

회사에 조금이라도 애사심과 충성심을 느끼거나 회사의 존재 방식에 강한 의문을 느끼고 회사를 더 나은 곳으로 만들고 싶다면 용기를 내서 항의와 제언을 하면 됩니다. 다만 이때 "이것이 문제라고 생각합니다"라고 비판만 하는 것이 아니라 "이 부분을 이렇게 개선하면 더 좋을 것 같습니다. 그 근거는…"과 같이 제안과 함께 왜 그렇게 생각하는지의 이유를 논리적으로 제시해야 합니다. 또한 구두로 전달하기보다는 글로 정리해서 보고서의 형태로 제안하는 것이 더 바람직합니다. 그 과정에서 자신의 요구가 얼마나 합리적인지를 더 명확하게 하는 효과도 볼 수 있습니다.

그렇게 의견을 개진했음에도 불구하고 개선의 여지가 없어 보인다면 과감하게 '이탈'해서 꼬리를 자르면 됩니다. 어떤 방법을 선택하든 그것은 당신의 자유입니다. 어느 누구도 당신의 뜻을 막을 수 없기 때문입니다.

—

현실적 낙천주의자의
인생 철학

회사가 마음에 안 들면서 그만두지도 못하는 사람은 해결책 없이 불평불만만 하며 인생을 낭비합니다. 적절하게 판단해 '이탈', '항의', '충성' 중 하나를 선택하세요. 매일 가는 회사의 의미가 달라질 것입니다.

열심히 일해도
월급이
안 올라요

    '연봉이 적다 혹은 오르지 않는다'는 고민은 버블 붕괴 이후 많은 사람에게 공통된 고민으로 자리 잡은 듯합니다. 앞으로의 일본 상황을 보자면 이제 월급이 오를 거라는 기대감은 거의 보이지 않습니다. 저도 월급을 주는 쪽에 서 본 사람으로서 실감합니다.

    인구가 점점 감소하고 있기 때문에 경제 성장은커녕 기업의 매출은 줄어 가고만 있습니다. 저출산 고령화 사회에서는 돈을 써야 하는 현역 세대의 인구가 줄고, 돈을 별로 쓰지 않는 고령층이 늘어납니다. 고령층이 집이나 고급차를 사거나 레스토랑에 가는 일은 별로 없을 것입니다.

즉 일본에서 현역 세대를 대상으로 사업을 하는 기업의 대부분은 사양화될 리스크를 피하기가 어렵고, 돈을 못 벌면 급여를 올려 줄 여유가 없어지겠죠.

게다가 업종, 업태나 이익 구조 등에 따라 회사의 수입은 어느 정도 정해져 있습니다. 예를 들어 회사의 매출이 10억 엔이고 구입 비용이나 임대료 등의 경비를 제외한 수익이 3억 엔이라고 합시다. 사원 수가 100명이라면 급여는 단순 계산으로 한 사람당 300만 엔밖에 되지 않습니다. 그중에서 남들보다 훨씬 많은 연봉을 받는다고 해도 혼자서 1,000만 엔을 받을 수 있는가 하면 그러기 힘들 것입니다.

경영자 입장에서도 다른 사원들의 사기나 불공평 문제 등을 고려하기 때문에 무턱대고 특정 사람만 우대해 줄 수도 없는 노릇입니다. 매출이 오르면 이야기가 달라지겠지만, 앞서 이야기했듯이 그 장래성은 희박합니다. 그렇다고 해서 직원을 줄이면 남은 직원들의 부담이 커지기 때문에 이 역시 좋은 해결책이 되지 못합니다.

기본급을 올리면 고정비가 높아져 경영이 악화됐을 때 부담이 커지기 때문에 일반적인 중소기업 경영자는 직원들을 승진시키기보다 보너스를 얹어 주려고 합니다. 파트타이머에게는 이런 경향이 더 두드러집니다. 편의점이나 음식점 아르바이트생에게 시급 5,000엔을 주겠다는 채용 공고는 어디에서도 찾아볼 수 없습니다. 일손이 부족한 업계라도 기본급에 한계가 있는 것입니다. 시급제로 일하면 어떤 식으로 일해도 기본적으로 연수입이 크게 달라지는 일은 없습니다. 시급이 1,000엔이라면 하루 8시간을 일해서 하루에 8,000엔, 300일을 일해도 연간 240만 엔밖에 벌 수 없습니다. 돈을 벌 수 있는 시간은 한계가 있기 때문에 자신의 시간을 쪼개서 일하는 것만으로는 수입에도 한계가 있습니다.

급여는 내가 일하는 회사의 이익 구조에 따라 결정된다

반면에 주택 건설 회사나 보험 대리점의 유능한 영업자 중에는 연봉이 1,000만 엔 이상인 사람이 매우 흔합니다. 주택은 상품 가치가 굉장히 크기 때문입니다. 3,000만 엔의 집을 팔았을 때 이익률이 30퍼센트라고 한다면 이익은 900만 엔이나 됩니다. 매달 한 건의 계약을 성사하면 연간 소득이 1억 엔 이상이 될 수 있기 때문에 회사의 경비를 제하더라도 영업자에게 나눠 줄 여유가 충분합니다.

보험의 경우, 상품 단가는 작지만 이익률이 훨씬 높고 누적 효과가 있습니다. 재고 장사가 아니기 때문에 애초에 구입의 개념이 없고 사람은 그렇게 간단히 죽지 않으며 입원도 하지 않습니다. 그 때문에 고객이 지불한 보험료는 대부분 이익이 됩니다. 고객들이 그 돈을 수십 년에 걸쳐 지불해 주는 것입니다. 그렇기 때문에 이 업계는 사무직도 연봉이 1,000만 엔 이상, 영업직의 경우 연봉이 3,000만엔이나 되는 사람들이 많은 것도 당연하다면 당연하다고 말할 수 있습니다.

즉 이익률이 높은 상품이나 시장 점유율이 높은 상품을 취급하는 회사나 경쟁 업체가 적은 독자적인 위치에 있는 회사, 개인의 노력이 보수로 이어지는 급여 시스템을 갖춘 회사에서 근무하면 승진할 가능성이 충분합니다.

반면 연공서열을 중시하는 회사에 근무하는 경우라면 이야기가 다릅니다. 예를 들어 신문사나 방송국 등에서는 나이가 지긋한 사원이 연봉 1,000만 엔 이상의 좋은 대우를 받는 것이 보통인데, 그 때문에 젊은 사원이나 하청 업계는 손해를 볼 수밖에 없습니다.

연공서열을 중시하는 회사는 기본적으로 세대 간의 불공평 위에 성립하는 구조로 이루어져 있습니다. 그렇기 때문에 자신이 지금 나이가 지긋하다면 편안한 회사 생활을 할 수 있겠지만, 젊은 사원이나 하청 기업에 근무하고 있다면 승진 가능성이 희박해질 수밖에 없습니다.

하지만 지금 편안한 자리에 있다고 해도 거기부터 더 높은 곳으로 올라갈 가능성은 낮고, 반대로 나이가 많은 탓에 해고를 당할지도 모른다는 공포를 느낄 가능성도 높아집니다. 실제로 직급이 높다는 이유만으로 연봉이 줄거나 '45세 이상 조기 퇴직 희망자를 모집한다' 는 이야기도 자주 듣습니다.

급여에 불만이 있다면 자신이 수익 구조가 어떤 업계와 회사에서 일하고 있는지, 또 업계 내에서의 포지션과 장래에 대한 전망은 어떤지를 확인해 봐야 합니다. 그리고 회사 내에서 자신의 포지션도 부감해 봅시다.

'승진이나 보너스는 어떤 요소로 결정되는가?'
'성과급을 받는다면 성과에 대해 어느 정도의 분배 비율을 기대할 수 있을까?'

이런 점들을 생각했을 때 내가 더 높은 곳으로 올라갈 기미가 보이는지, 아니면 가능성이 희박한지를 확인해 보는 것이죠. 만약 가능성이 희박하다면 급여를 올리기 위해 회사나 업계, 업종을 바꿀 수밖에 없는데, 웬만큼 능력을 인정받지 않으면 오히려 수입이 줄어들 가능성이 높습니다. 특히 급여가 호봉제로 오르는 회사에서 일하면 이직 시 연봉이 대폭 줄어드는 것이 일반적입니다. 그러므로 일단 헤드헌팅 업체에 등록하거나 상담을 받아 보는 것이 좋습니다. 그렇게 이직할 곳을 소개받으면 자신의 시장 가치가 어느 정도인지를 파악할 수 있을 것입니다.

—

현실적 낙천주의자의
인생 철학

월급 액수가 적다면서 아무 행동도 하지 않는 사람은 장래가 없는 환경에서 계속 한탄만 합니다. 자신의 환경을 이해하는 사람은 자신의 시장 가치를 정하고 수입을 올립니다.

스스로
동기 부여를 하는
가장 쉬운 방법

지금 다니는 회사가 싫다면서도 이직하라는 말을 들으면 '뭘 하고 싶은지 모르겠다', '하고 싶은 것이 없다'며 한탄하는 사람이 있습니다. 그런 사람은 어렸을 적부터 욕구, 흥미나 관심, 호기심을 억눌러 왔을 가능성이 있습니다. 특히 입시를 향해 유소년기부터 열심히 공부만 해 온 사람은 자기 마음의 목소리를 듣지 못하게 됐을 가능성이 있습니다.

지금에 와서 유소년기를 후회해도 아무런 소용이 없기 때문에 즉시 적용할 수 있는 대책을 한 가지 소개하겠습니다. 바로 '눈앞의 일에 열중하는 것'입니다. 너무 간단한 것 아니냐고 생각할지도 모르지만 이것은 매우 중요합니다. 필사적으로 무언가에 열중하면 이상하게도 다음 목표나 다음 과제, 다음 만남이 보이기 때문입니다.

취직과 이직을 준비할 때도 무엇을 하고 싶은지 잘 몰라서 회사를 고를 수 없다거나 동기 부여가 잘 되지 않는 사람은 일단 직감적으로 '여기 정도면 괜찮으려나', '나도 할 수 있을 것 같아'라는 생각이 드는 회사를 골라 면접을 본 뒤에 합격한 곳에 입사해서 최선을 다해 일하는 것도 하나의 방법입니다. 그럼 '나는 이것을 할 수 있다 혹은 할 수 없다', '이것은 보람이 있다 혹은 시시하다', '이것은 잘한다 혹은 잘 못한다' 같은 것들을 알게 됩니다.

그것들을 알고 나면 다음은 무엇을 해야 할지가 보입니다. 예를 들어 '이 회사에서 승진을 할까', '현장에 머물러야 할까', '부서 이동을 신청해 볼까', '이직하는 편이 좋을까' 등등처럼 말이죠.

하고 싶은 것을 찾기 위한
세 가지 연습

그럼에도 '하고 싶은 것'을 찾지 못한 사람에게 세 가지 처방전을 더 제안하겠습니다.

첫 번째는 '행동량 늘리기'입니다.

'하고 싶은 것이 없다'고 말하는 사람들은 대부분 경험치가 적고 새로운 도전을 회피해 온 경향이 있습니다. 충분히 행동하지 않고, 자신이 잘하는 것과 잘 못하는 것이 무엇인지 모르고, 세상에 어떤 직업이 있는지도 잘 모르는 경우가 많습니다. 무엇이 재미있고 재미없는지, 혹은 자신의 적성에 맞는지 맞지 않는지는 실제로 해 보지 않으면 알 수 없습니다. 일이든 취미든 직접 해 봐야 비로소 '아, 나는 이런 걸 좋아하는지도 몰라', '이건 내 적성에 잘 맞는지도 모르겠어', '이건 좀 아닌가 봐' 같은 감을 잡을 수 있습니다.

따라서 무엇이든 조금이라도 흥미를 갖고 직접 해 보는 것이 좋습니다. 설령 흥미가 없어도 다른 사람이 권하면 가볍게 응해 보는 것도 좋습니다. 미지의 일에 몰두하는 것이죠.

두 번째는 '마음이 가는 것에 의식 기울이기'입니다.

일상에서 '나는 이런 걸 하고 싶은 걸까', '이런 것도 재미있어 보이네' 하고 의식을 기울이고 마음이 가는 것들에 민감해지는 것입니다. 그런 경험이 쌓이면 '그렇구나, 나는 이게 하고 싶었구나!' 하고 의식이 강해지는 날이 찾아옵니다. '아, 이걸 해 보고 싶어!'라는 만남이 찾아오는 것이죠. 그런 만남이 언제 찾아올지는 아무도 모르고 그 시기도 사람에 따라 다릅니다. 하지만 계속해서 의식을 기울이면 언젠가 찾아올 것입니다. 물론 그런 날이 오지 않을 수도 있지만 그렇다고 의식을 기울이지 않으면 영원히 찾아오지 않을 가능성이 더 높습니다.

세 번째는 첫 번째와 두 번째가 전제된 하에 '기회가 무르익기를 기다리는 것'입니다.

예를 들어 사업을 하더라도 사업을 하는 것 자체가 목적이 돼 버리면 대개는 실패하게 됩니다. 그다지 흥미도 없는 프랜차이즈에 가맹해서 매출이 오르지 않으면 동기 부여가 지속되지 못해 금세 문을 닫기 십상입니다. '이 일을 하고 싶다'는 열의가 비등점에 달하지 않으면 작은 벽을 만나도 금세 좌절해 버리기 마련이죠.

따라서 '이런저런 조사를 해서 이것저것 하고 있지만 아직 보이지 않는다'고 말하는 사람은 아직 기회가 무르익지 않았다고 결론 짓고 그때가 오기를 기다리는 것이 좋습니다.

—
현실적 낙천주의자의
인생 철학

무엇을 하고 싶은지 모를 때는 일도, 회사도 고르지 못합니다. 먼저 눈앞의 일에 열중하는 방법이 있습니다. 그다음에 보이는 일들을 차근차근 해 보세요.

어느 쪽을 택하든
결과는
큰 차이가 없다

이직이나 취직 같은 인생의 기로에서 어느 쪽을 택해야 할 지로 고민하는 사람은 많으리라 생각합니다. 제 경험상 결론은 이렇 습니다.

'어느 쪽을 택해도 큰 차이는 없다.'

어느 쪽을 택하든 잘 풀리는 사람은 그 나름대로 만족도가 높은 결 과에 이르고, 잘 풀리지 않는 사람은 어느 쪽을 택해도 그저 그런 결 과에 이릅니다. 따라서 고민해도 결국 '그곳에서 나는 무엇을 하는

가', '내가 하고 싶은 것을 할 수 있을까'라는 주체적인 의식과 '가슴이 두근두근 뛰는가' 하는 직감으로 고를 수밖에 없다고 생각합니다. 고민이 많은 사람은 '환경이 나를 바꿔 주지 않을까', '그 사람이 나에게 무언가를 해 주지 않을까', '근거는 없지만 왠지 좋은 일이 생기지 않을까'처럼 외부 환경에 의존하고 있을 가능성이 있습니다. 예를 들어 '대기업에 가면 뭔가 굉장한 프로젝트를 맡아서 큰일을 할 수 있을지도 몰라', '벤처 기업에 가면 뭐든 내게 맡기겠지? 그럼 젊은 나이에 임원으로 발탁될지도 몰라'처럼 타인이 나를 위해 무언가를 해 줄지도 모른다는 근거 없는 흑심을 품고 있는 것이죠.

이런 모습은 자신의 앞길이 꽉 막혔다고 생각하면서 해외 유학이나 인도 여행을 떠나는 것과 닮았습니다. 역시나 '그곳에 가면 바뀔 수 있지 않을까'라는 근거 없는 바람입니다. 여행을 떠나면 일단은 도피할 수 있을지 모르지만 귀국 후 현실로 돌아왔을 때 결국 자신과 자신을 둘러싼 환경은 아무것도 바뀌지 않았음을 깨닫고 허무해질 뿐입니다.

그뿐만 아니라 명확한 목적이나 전략 없이 기세에 몸을 맡겨 버렸기 때문에 일관성이 없는 여행 혹은 유학이었다는 것을 인사 담당자나 면접관에게 간파당해 오히려 재취업에 장애물로 작용할 위험마저 있습니다.

자신의 '커리어 콘셉트'를
명확히 하라

그렇게 되지 않도록 커리어를 선택할 때에는 일단 자신의 '커리어 콘셉트'를 명확하게 해 둘 필요가 있습니다. 자신이 무엇을 하고 있을 때 충족감을 느끼는지, 또 그 적성을 살려서 어떤 일을 해야 스스로 납득할 수 있을지를 명확히 하는 것입니다. 물론 지식이나 경험에 따라 바뀌겠지만 그때그때 생각해 둘 필요가 있습니다.

저는 첫 취직이 실패로 돌아간 이유가 '일단 일상부기검정(경영 성과와 재무 상태를 명확히 부기에 기술할 수 있는 능력을 검증하는 시험-옮긴이) 1급을 갖고 있으니 취직한다면 회계 사무소에 들어가겠지'라는 안이한 마음가짐 때문이었다고 생각합니다. 그다음으로 이직할 때는 비참함을 떨쳐내기 위해 우수한 사람은 가지 않는 신생 회사를 택했고, 최종적으로는 나를 철저하게 단련할 수 있는 일을 선택했습니다. 동시에 저의 성격과 성향을 파악하고, 환경이 나에게 무언가를 해 줄 거라고 기대하는 것이 아니라 어떤 환경이든 있는 그대로의 저로서 일할 수 있는지를 생각했습니다.

예를 들어 저는 낯을 많이 가려 자기주장을 잘 못하기 때문에 인원이 적어서 관계의 밀도가 높은 경향이 있는 벤처 기업보다 한 사람한 사람의 개성이 드러나지 않는 대기업에서의 회사 생활이 더 편했습니다. 중소 영세 기업에서는 인간관계가 고정되기 쉬운데, 저는 대인 관계에서 문제가 잘 생기는 편이라 부서 이동으로 인간관계가 리셋되기 쉬운 환경이 더 잘 맞았던 것입니다.

이런 커리어 콘셉트가 없으면 자신의 가치관이나 특성에 기반을 둔 직업을 선택할 수 없게 됩니다. 그럼 회사 이름이라든가 급여라든가 네임 밸류나 분위기 등 타인의 가치관에 기반을 둔 결정을 내리기가 쉽습니다. '대학생이 뽑은 취직하고 싶은 회사 순위'가 그 전형적인 예시입니다. '유명하니까 주변 사람에게 자랑할 수 있다'거나 '복리후생이 좋고 안정적이다' 같은 이유로 회사를 고르는 경우가 많습니다. 그것은 그야말로 취직이 아니라 취사(就社)이고, 하고 싶지도 않은 일을 맡아서 불평을 하다가 3년도 안 돼서 퇴사하는 지름길입니다. 결국 환경이나 스펙에 집착해서 직업을 선택하면 막다른 길에 다다를 가능성이 높습니다.

내가 납득할 수 있는 일을 찾기

잘난 듯 이렇게 말했지만, 저도 수많은 고민을 안고 살아왔습니다. 대학 시절에 찾은 목표가 공인 회계사였고 좌절해서 불합격한 것도 이미 이야기했지만, 시험이 4학년 여름이었던 탓도 있고 취업 활동을 하기에는 시기가 너무 늦어서 취직할 곳이 결정되지 못한 채 졸업했습니다.

졸업 후에는 일단 계속해서 아르바이트를 하며 지냈습니다. 제가 아르바이트를 선택한 기준은 '혼자 묵묵하게 할 수 있는 일'이나 '완전히 새로운 인간관계를 만들 수 있는 일'이었습니다. 앞서 이야기했듯이 저는 낯가림이 심하고 수동적이라 대인 관계에 어려움을 느꼈기 때문입니다. 그래서 건물 청소나 이자카야의 새 점포 오프닝 스태프 같은 일을 택했습니다. 전자는 혼자 묵묵히 할 수 있기 때문에 택했고, 후자를 택한 이유는 이미 완성돼 있는 인간관계 안에 새로 들어갈 수 없다고 생각했기 때문입니다.

그러고 나서 드디어 회계 사무소에 취직했는데 계산 실수를 반복했고 여러 번 확인해도 실수가 줄어들지 않았습니다. 결국 입사하자마자 형편없다는 평가를 받게 됐습니다. 애초에 저는 덜렁거리는 성격이었기 때문에 1엔 단위까지 딱 맞추는 꼼꼼한 업무는 적성에 맞지 않았습니다.

저는 매일같이 실수를 해서 혼나느라 바빴습니다. 일을 마친 후에도 이자카야에 불려가서 설교를 듣는 날들이 계속됐습니다. 스트레스 때문에 아침에 잘 일어나지 못했고 결국 지각을 해서 또 혼이 났습니다. 결국 저는 생기를 잃었고 말수도 줄었으며 거의 우울증에 걸리기 직전까지 갔습니다. 그리고 1년 후 또다시 큰 실수를 저질러 상사에게 불려가 심하게 추궁을 당했고, 결국 힘없이 그만두겠다고 대답할 수밖에 없었습니다.

다음으로 옮긴 직장은 편의점이었는데, 면접을 봐서 세 곳에 합격했습니다. 어디로 갈지 고민하다가 가장 마지막으로 도쿄증권 2부에 상장된 기업(도쿄증권 1부는 도요타 등 대기업이 속해 있으며 2부는 1부에 비해 시가 총액과 유동성이 작은 중소형주가 속해 있다-옮긴이)을 택했습니다.

왜냐하면 그곳은 업무 순서 등이 확실하게 잡혀 있지 않을 것 같았고, 그렇다면 제가 무언가 공헌할 수 있으리라 생각했기 때문입니다. 과거의 비참함을 떨쳐 내려면 업무 체계가 완성된 회사가 아니라 자리를 잡아 나가야 하는 기업이 더 유리하고 살아남기 쉽지 않을까 생각했습니다. 제 예상은 딱 들어맞았고 노력하면 노력할수록 성과가 잘 나와서 좋은 평가를 받게 됐습니다.

마지막으로 이직한 곳은 경영 컨설팅 회사였습니다. 몇 곳에 합격했는데 제 커리어나 연봉이 어떻든 저를 단련하려면 기업 전략이나 사업 전략을 컨설팅하는 회사에 들어가야겠다고 생각해서 한 회사에 연봉을 낮추고 신입으로 입사했습니다. 입사 당시에는 업무를 잘 따라가지 못해서 언제 해고를 당할지도 모른다는 생각에 불안했습니다. 그럼에도 이를 악물고 열심히 했더니 나름대로 좋은 평가를 받았고 퇴사할 때 즈음에는 연봉이 입사 당시의 두 배가 됐습니다.

편의점이든 컨설팅이든 만약 다른 회사를 골라서 입사했다면 지금보다 더 크게 성공했거나 또 다른 결과를 낳았을 수도 있지만, 그 결과는 누구도 알 수 없습니다. 하지만 어떤 길을 택하든 제 나름대로 열심히 했을 거라고 생각합니다. 왜냐하면 어떤 일을 택하든 제가 납득할 수 있는 일을 했을 것이기 때문입니다.

즉 다시 반복해서 이야기하지만, 어느 쪽을 택하든 그 결과는 크게 다르지 않습니다. 이 말은 결국 저의 적성을 살려 제가 납득할 수 있는 일을 한다면 나름대로 행복과 충족감을 느낄 수 있으므로 결과적으로 바람직한 선택이 된다는 것입니다.

현실적 낙천주의자의
인생 철학

'누군가가 나를 위해 무엇을 해 줄 것'이라는 생각, '나중에 어떻게든 돼 있겠지'라는 생각은 외부 환경에 의존하게 돼서 결국 막다른 길에 다다릅니다. '커리어 콘셉트'를 찾는 사람은 스스로 만족할 결과를 얻습니다.

어떤 일이든
성공하기 쉬운
생각 패턴

'사업을 할까 말까' 고민하는 사람은 '왜 사업을 하고 싶은가' 하는 자신의 동기를 다시 한번 돌아볼 필요가 있습니다. 사업의 동기는 참 다양합니다. 저는 제 주변의 사업가나 예비 사업가를 보며 성공하기 쉬운 동기와 실패하기 쉬운 동기가 있다는 것을 깨달았습니다.

일단 성공하기 쉬운 동기 패턴을 살펴보겠습니다. 이 패턴은 본인의 문제 의식으로부터 시작합니다.

'이렇게 하는 편이 좋지 않을까?'

'이건 이상하지 않을까?'

이런 문제 의식은 '그럼 이런 제품이나 서비스는 어떨까?'로 이어집니다.

그리고 '이런 일 때문에 곤란에 처했어. 네 힘으로 어떻게 안 될까?'라는 주위의 요청이 문제 의식으로 이어지기도 합니다. 이런 패턴은 프리랜서에게서 많이 찾아볼 수 있습니다. 부탁받은 일을 하다가 또 다른 요청을 받게 되고, 얼마 뒤 제대로 된 규모로 자리 잡기도 하죠.

한편 실패하기 쉬운 동기의 패턴에도 전형적인 예가 있습니다.

사업이 목적인 사람입니다. 사업을 하기 위한 비즈니스를 생각하면 수단과 목적이 역전됩니다. 왜 이런 패턴이 실패하기 쉬운가 하면, 고객의 니즈보다 사업을 하고 싶다는 마음이 앞서 시야가 좁아지기 때문입니다. 그래서 '이 제품이나 서비스에는 수요가 있을 것이다'라는 근거 없는 생각에 지배당하기 쉽습니다.

예를 들어 '고령자의 고독사를 막아야 한다'는 발상으로부터 '고령자가 모두 보호받고 편안하게 생의 마지막을 맞이할 수 있는 시설을 만들자'고 생각하는 사람이 있습니다. 그런데 당사자는 스스로 납득할 수 있는 죽음을 맞이했는지도 모르는데 고독사가 나쁘다는 것은 누가 정한 걸까요? 누구나 주변 사람에게 보호받으며 마지막을 맞이하고 싶을까요? 죽음 앞에서 그 누구에게도 얼굴을 보이고 싶지 않은 사람도 있지 않을까요?

사업 콘테스트에서 이처럼 배려가 다소 지나친 형태의 비즈니스가 자주 등장합니다. 그러나 고객의 니즈보다 본인의 생각이 우세한 비즈니스 모델은 거의 실패로 돌아갑니다. 이런 경우에 구상이라는 이름의 망상을 하며 전전긍긍하지 말고, 일단 침착하게 잠재 고객들을 대상으로 '정말로 이런 서비스에 돈을 지불하겠습니까?' 등의 리서치를 해 볼 필요가 있습니다.

이 패턴은 '샐러리맨은 싫어서', '회사가 싫어서' 같은 동기와 일맥상통합니다. 그 초조한 마음이 비즈니스의 본질을 꿰뚫는 눈을 흐리게 만듭니다. 그 때문에 자신이 정말로 하고 싶은 것도 아닌 프랜차이즈 점포를 시작하고 '모르겠지만 어쨌든 잘되겠지' 같은 생각을 하는 것입니다. '회사를 그만두고 싶다', '자유로워지고 싶다'는 도피 욕구가 사고력을 흐리고, '이 사업이라면 잘될 것이다'라고 생각하며 매달려 버리는 것이죠. 이 생각의 실상은 이렇습니다.

'이 이상 생각하는 것도 귀찮으니까 이 장사로 성공하면 좋겠다.'

물론 어느 쪽이든 예외는 있고 제가 말한 실패의 패턴으로 성공하는 사람도 있겠지만, 그것이야말로 진정한 예외이고 그런 비즈니스는 대부분은 수년 만에 사라져 버립니다. 성공 사례는 드물기 때문에 미디어에서 떠들썩하게 소개됩니다. 반면 실패는 아무도 이야기하고 싶어 하지 않고 미디어도 뉴스로써 가치가 없다고 여겨 다루지 않을 것입니다. 저도 사업을 15년 이상 하는 동안 많은 사람이 드나드는 것을 보았는데, 그래서 샐러리맨으로 돌아온 사람, 사라져 버린 사람이 정말로 많았습니다.

노동, 일, 놀이의 차이

이렇게 말하면 제가 사업에 부정적인 입장이라고 생각할지 모르지만, 저는 기본적으로 사업에 긍정적인 편입니다. 아무래도 자유도나 충실도 면에 현저한 차이가 있기 때문입니다. 저는 앞서 이야기했듯이 10년 조금 넘는 시간 동안 회사 생활을 한 후 사업을 시작했고, 부동산 회사를 비롯해 몇 개의 회사를 경영했습니다. 그리고 현재는 혼자서 일을 하고 있습니다. 아이를 보육원에 보내야 하기 때문에 어느 정도 시간이 정해져 있지만, 통근도 필요없고 잠자는 시간이나 일어나는 시간도 제 마음대로 정할 수 있는 생활을 하고 있습니다.

　제가 하는 일은 이렇게 글을 쓰거나 강연을 하거나 잡지 등의 취재에 응하는 것입니다. 글쓰기는 하루 2시간 정도 하고 있고, 강연이나 취재도 시간이 맞으면 수락하는 편이기 때문에 자유롭게 시간을 활용할 수 있습니다.

　이런 삶의 방식을 택한 이유는 저의 수입 형태 때문입니다. 우선 저는 저술가로도 활동하고 있는데, 책이나 칼럼을 위한 저술 작업은 어느 곳에서나 할 수 있고 온라인상에서 납품을 할 수 있기 때문에 통근도 필요없습니다. 또 인터넷 비즈니스도 하고 있어서 인터넷 광고나 제휴에 손대지 않아도 수입이 들어옵니다. 마지막으로 투자가로도 활동하는데, 종래부터 해 온 부동산 투자나 태양광 발전 투자, FX, 주식, 가상 화폐 등의 거래를 계속하고 있습니다.

　이것들의 공통 요소는 거의 모든 일이 인터넷을 기반으로 이뤄진다는 것입니다. 인터넷을 활용하면 회사에 가지 않아도 되고, 누군가와 만날 일도 없고, 직원을 고용하거나 사무실을 갖출 필요도 없이 자유롭게 돈을 벌 수 있습니다. 부동산이나 태양광 발전 투자는 인터넷 밖에서 활동할 수 있지만 관리 업체와 메일을 주고받기만 해도 일을 진행할 수 있고, 스마트폰 애플리케이션을 통해 거래할 수도 있습니다. '단 몇 분 만에 1만 엔을 버는 것'은 옛날에는 도저히 상상할 수 없었던 일입니다.

저의 사업가 친구도 과거에는 세미나를 개최해 참가자를 모집했지만, 지금은 온라인상에서 살롱을 운영하는 등 집에서 한 발짝도 나가지 않습니다. 그러고도 전 세계인을 상대로 자신이 만든 동영상으로 사업을 하고 있습니다. 참고로 그 친구의 연봉 2,000만 엔이라고 합니다.

최근에는 SNS로만 연락을 주고받는 투자가 친구도 거의 하루종일 집에 틀어박혀 온라인 주식 거래로 1억 엔 이상의 자산을 모았다고 합니다. 지금은 주식 배당금만으로도 연간 수백만 엔을 벌어들인다고 합니다. 과거의 노동관과 인생관에 혁명을 가져다준 강력한 무기를 손에 넣었다고 말할 수 있을 것입니다.

일의 변환 과정으로 '노동', '일', '놀이'가 있습니다. 어쩐지 육체 노동자가 노동을, 회사원이 일을, 음악가나 스포츠 선수가 놀이를 하는 것처럼 느껴집니다. 하지만 저는 '일을 부림당한다'고 생각하면 노동이고, '해야 한다'고 생각하면 일, '하고 싶어서 한다'면 놀이라고 생각합니다. 그렇기에 사업은 그 모든 활동이 놀이가 될 수 있다고 생각합니다.

사업은 '이것으로 세상을 바꾸고 싶다'는 생각을 상품화하고 이름과 가격을 스스로 매겨서 파는, 극히 창조적인 행위입니다. 다시 말해서 사업은 궁극의 자기 표현 수단이자 실현 수단입니다. 그런 의미에서도 인생에서 사업을 목표로 하는 것은 가치 있는 일이라고 생각합니다.

—
현실적 낙천주의자의
인생 철학

일하는 것의 목적과 수단이 바뀌면 '노동'이 됩니다. 상대방에게 무엇이 필요한지 알고, 그 일을 하고 싶다는 생각까지 들면 그 일은 '놀이'가 됩니다.

제6장

돈을
쫓지 말고
불러들여라

돈 걱정 말고 돈 공부 하는 법

심플한 생활을
시작하는
첫걸음

　　요즘은 '20대에 100만 엔 저금한 비결'이라든가 '30대 직장
인 평균 저축액' 같은 콘텐츠가 인기입니다. 특히 일본인에게는 무슨
일이 있어도 저축을 해야 한다는 '저축 절대주의'가 있는 것 같습니
다. 그래서 '저축해 둔 돈도 없고 좀처럼 돈이 안 모인다'며 돈 때문에
고민하는 사람이 적지 않습니다.

　　물론 '언제 무슨 일이 일어날지 모르니까 대비가 필요하다'는 말은
지당합니다. 2020년 신종 코로나 바이러스의 만연으로 수많은 사람
이 일자리를 잃고 수입이 줄어들었습니다. 이런 일은 앞으로도 얼마
든지 일어날 가능성이 있습니다. 이를 대비해 '생활비 보험' 조의 저

축이라면 대강 1년 정도 무수입이라도 생활하는 데 지장이 없는 정도가 기준입니다.

그러나 저축을 하는 데 근본적으로 중요한 것이 있습니다.

'애초에 무엇을 위해 저축해야 하는가'라는 목적
'그럼 그 목적을 달성하기 위해 얼마만큼 저금해야 하는가'라는 구체적인 금액

이렇게 저축의 목적과 목표 금액이 정해졌다면 제가 추천하고 싶은 방법은 '강제 저금'입니다. 쓰고 남은 돈을 저금하려고 하면 돈이 잘 모이지 않기 때문에 처음부터 저금하고 싶은 금액을 빼 두면 자연스럽게 돈이 모입니다.

예를 들어 직장에 재형저축 제도가 있다면 급여 공제로 저축을 할 수 있기 때문에 강제로 저금할 수 있습니다. 혹은 저축형 보험이나 확정 출자 연금 등처럼 보험을 통한 적립도 강제력이 있는 방법입니다. 다만 이것들은 주택 취득 자금이나 노후 자금 등을 위한 장기적 관점에서의 저축이기 때문에 쓰고 싶을 때 필요할 때 돈을 쓸 수 없다는 단점이 있습니다.

가장 편리한 방법은 인터넷 은행에서 제공하는 이체 서비스입니다. 이 서비스는 급여가 입금되자마자 일정 금액을 다른 정기 예금

계좌로 송금하기 때문에 필요할 때 자유롭게 꺼내 쓸 수 있는 저금이 강제로 쌓이게 됩니다.

궁리를 어떻게 하느냐에 따라
모이는 돈이 달라진다

돈을 못 모으는 사람은 비교적 쓸데없이 돈을 쓰는 경향이 있습니다. 주말에 쇼핑몰에 가면 많은 손님이 양손에 쇼핑백을 가득 들고 있는 광경을 볼 수 있는데, 저는 늘 의문입니다. '그렇게 살 것이 많은가' 하고 말이죠.

저는 옷은 해어질 때까지 입기 때문에 연간 의류비는 거의 0원입니다. 양말도 똑같은 것 10켤레를 사서 신기 때문에 구멍이 나도 또 다른 양말과 짝을 맞춰 신을 수 있습니다. 조금 극단적으로 보일지 모르지만 낡은 티셔츠는 겨울철에 껴입으면 얼마든지 계속 입을 수 있습니다.

천원숍에 가면 언제나 사람이 많습니다. 이곳에서는 누군가가 '그거 정말로 필요해?', '지금 당장 필요해?'라고 물으면 '딱히 없어도 불편한 건 아닌데'라고 대답할 만한 물건들을 사게 되지 않나요?

집안을 둘러봅시다. 몇 년 동안 한 번도 사용하지 않은 물건이 있다면 그것은 당신이 잡동사니를 사 왔다는 증거입니다. 진심으로 돈을 모으고 싶다면 없으면 정말 곤란한 물건, 없으면 실질적으로 큰 피해가 생기는 물건을 추려서 사도록 합시다. 그럼 사야 할 물건은 그렇게 많지 않다는 것을 알 수 있습니다.

다음으로 구입 방식에도 궁리가 필요합니다. 예를 들어 가전제품 판매점에서 쇼핑을 하는 사람이 많은데, 그곳에서 에누리나 포인트 캐시백 등을 제공한다고 해도 대부분 가전제품은 인터넷으로 사는 것이 훨씬 저렴합니다. 또한 포인트 사이트 경유나 자동 결제, QR코드 결제, 쿠폰 등을 잘 활용하면 이중 삼중으로 포인트를 돌려받을 수 있어 실질적으로 할인을 받은 셈이 됩니다.

패딩이나 수영복 등 계절상품은 내년에 입을 것을 올해 세일 기간에 미리 사면 매우 저렴하게 구입할 수 있습니다. 아이 옷은 어차피 금세 작아져 입을 수 없게 되기 때문에 새 제품을 사기보다는 중고 매장을 이용해 저렴하게 구입하는 것을 추천합니다.

또한 '지모티(국내의 당근마켓과 비슷한 온라인 중고 거래 서비스-옮긴이)'라는 중고 물품 매칭 사이트를 활용하면 인근 지역에서 싸게 혹은 거의 공짜로 필요한 것을 구할 수 있습니다.

스마트폰도 일하는 내내 사용하는 헤비 유저가 아닌 이상 저가 스마트폰으로 충분할 것입니다. 저의 경우에 예전에는 스마트폰이라고 하면 아이폰밖에 없었던 시절, 대부분 소프트뱅크만 이용했기 때문에 아내와 함께 소프트뱅크에서 계약했습니다. 하지만 그 후 이런저런 제조사가 스마트폰을 선보이고 저렴한 통신업체도 등장해 지금은 저렴한 스마트폰으로 바꿨습니다.

그러자 두 사람이 각각 한 대씩 사용했을 당시 월 2만 5,000엔 정도였던 통신비가 3대로 늘어난 지금 오히려 월 9,000엔 대로 줄었습니다. 한 대는 데이터 통신 전용으로 아이가 외출했을 때 칭얼대면 사용하는 태블릿입니다. 이때 사용하는 데이터 요금도 낭비되지 않도록 가족이 공유할 수 있게 설정해 두었습니다. 또한 통신 회사도 저희의 전화와 데이터 사용 비중 등을 고려한 사용 패턴에 맞게 변경해서 지금은 세 번째 회사와 계약한 상태입니다.

스마트폰은 평생 계속 사용하게 될 텐데, 한 달에 1만 5,000엔을 절감하면 남은 생애인 약 40년간 720만 엔이나 절약할 수 있습니다. 또한 집에 두는 유선 전화도 없애면 그에 해당하는 비용도 줄어들 것입니다.

저희는 집에 TV도 두지 않아서 수신료도 내지 않고, 신문도 구독하지 않기 때문에 신문값도 내지 않습니다. TV 수신료와 신문 구독료로 월 약 5,000엔 조금 넘게, 즉 연간 6만 엔 이상을 절감한 셈입니다. 전기 회사도 도쿄전력에서 신흥 전력 소매 회사로 변경해서 매달 약 1,000엔의 절감 효과를 보고 있습니다. 이런 절감 방법은 인터넷을 통해 조사하면 얼마든지 찾을 수 있습니다. 귀찮음과 싸워서 이기기만 하면 되죠.

—
현실적 낙천주의자의
인생 철학

언제 일어날지 모를 상황에 대비해 저금을 하면서도 필요 없는 데 소비하면 돈도 모이지 않고 불안도 사라지지 않습니다. 약간의 귀찮음만 이겨 내면 심플하고 풍족한 삶을 영위하는 사람이 될 수 있습니다.

더 이상
노후를
불안해하지 않기

많은 사람이 느끼고 있을 '노후의 불안'. 하지만 이것은 너무 막연하기 때문에 도대체 노후의 무엇이 불안한지를 구체적으로 특정할 필요가 있습니다. 예를 들어 건강에 대한 불안, 돈에 대한 불안, 주거에 대한 불안, 독신이라면 고독에 대한 불안 등을 생각할 수 있겠죠.

10억 엔이 있지만 노후가 불안하다는 사람은 그리 많지 않을 테니 무엇보다 큰 고민은 아무래도 '돈에 대한 불안'일 것입니다. 가령 건강에 대한 불안감을 느끼더라도 돈만 있으면 호화로운 간호 시설에 들어가 건강한 식사와 적절한 의료, 간호 서비스를 받을 수 있기 때문에 노후에 관련된 다른 불안은 극히 적으리라 생각합니다.

불안해지는 이유는 미래가 당장 눈에 보이지 않고 예상하기 어렵기 때문일 것입니다. 연금 지급 개시 연령 연장, 연금 수급액 감액 등에 따라 우리가 노후를 맞이할 즈음에는 연금만으로 생활하기는 어려울지도 모릅니다. 또한 그 연금이 얼마가 될지도 확실히 알 수 없습니다. 그렇다고 해서 저축을 많이 할 정도로 여유도 없죠. 저축이 얼마 안 되는 지금 이 상태로 노후를 맞이한다면 과연 앞으로 어떻게 살아갈 수 있을지, 그러한 불안을 불식시키려면 상세한 대책과 비상 대비 계획을 여러 가지 준비해 두는 것이 좋습니다.

상세한 대책이란 예상 연금 수령액, 생활 비용, 실현 가능한 저축액, 정년 퇴직 후의 예상 수입을 좀 더 확실하게 계산하고 그 범위 내에서 생활할 수 있는 계획을 세워 두는 것입니다.

일단 예상 연금 수령액은 회사원이라면 일할 당시의 급여에 대한 대체율이 보통 약 50퍼센트이기 때문에 현재 수입의 절반 정도에 달하는 연금을 받을 수 있다고 계산하면 됩니다. 생활 비용은 대강 계산하면 가능할 수 있을 텐데, 일할 때만큼은 돈이 들지 않을 것입니다. 실현 가능한 저축액은 매달 얼마만큼을 저축할 것이고, 그것을 65세까지 계속하면 얼마가 모이는가에 해당합니다. 정년 퇴직 후의 예상 수입은 아르바이트를 한다고 가정했을 때의 수입입니다. 재취업 여부는 불분명하므로 아르바이트를 한다고 가정하는 것이 좀 더 확실한 계산이 될 것입니다.

그럼 이제 지금부터 준비해야 할 것을 소개하겠습니다.

사회보험 가입은
필수

가장 먼저 연금입니다. 수령액은 미래에 줄어들지 모르지만 일단 죽을 때까지 받을 수 있는 돈이 있다는 것은 큰 버팀목이 됩니다. 특히 회사원은 유리합니다. 사회 보험은 노동자와 고용주가 절반씩 내서 배의 덕을 보기 때문입니다. 부부가 함께 정직원으로 계속 일한다면 미래에 연금이 줄어도 사치스러운 생활을 하지 않는 한 생활에 곤란을 겪지는 않을 것입니다.

개인 사업자는 국민연금에 가입해 둡니다. 다만 현재 월 6만 엔 대인 국민연금만으로는 어쩐지 불안합니다. 그래서 국민연금기금이나 추가 연금, 확정 출자 연금, 소규모 기업 공제 등에 별도로 가입해서 노후에 받을 수 있는 연금을 늘리는 것이 좋습니다. 일본의 경우 확정 출자 연금은 주부나 일반 회사원도 가입할 수 있으므로 여유가 있다면 검토할 가치가 충분하다고 생각합니다. 그럼에도 불안한 사람은 자금에 여유가 있다면 저축형 생명 보험이나 개인 연금 보험 등

민간 확정 지급형 보험을 추가로 가입해도 좋습니다. 확정 지급형 보험은 장래에 인플레이션이 일어나면 실제 가치가 떨어진다는 것이 결점이지만, 납입 중에는 절세가 되어 확정 금액을 받을 수 있기 때문에 안심할 수 있습니다.

내 집 마련을
해 둔다

평생 임대 생활을 하면 연금에서 임대료가 나가기 때문에 도시에서 살 경우 생활이 빡빡해질 수 있습니다. 그래서 노후에 도시에서 생활하고 싶다면 경제 활동을 하는 동안 내 집 마련을 해 두는 것이 좋습니다. 정년 퇴직과 함께 대출금 상환이 끝나도록 계획을 세워 두면 노후의 주거비를 어느 정도 확보할 수 있습니다. 돈이 없더라도 일단 주거에 문제가 없다는 점은 큰 힘이 됩니다. 주택 대출은 곧 부채라는 말도 있지만 노후의 주거비를 미리 지불한다고 생각할 수도 있기 때문에 가계에 무리가 가지 않는 한도 내에서 미리 사 두는 것도 좋은 방법입니다.

대출을 받으면 통상은 단체 신용 생명 보험에 가입하기 때문에 생명 보험을 대신할 수도 있습니다. 이것으로 민간 생명 보험의 계약금을 줄일 수도 있을 것입니다. 또한 입지가 좋은 곳이라면 장래에

팔거나 세를 줄 수도 있고 리버스 모기지(주택을 담보로 돈을 빌려 자신이 사망 시 금융 기관이 그 집을 매각해서 자금을 회수하는 구조)도 사용할 수 있는 가능성이 높아지기 때문에 노후에 선택지가 늘어납니다.

다만 맨션의 경우라면 이야기가 조금 달라집니다. 대출을 상환했더라도 맨션은 매달 관리비와 수선 적립금이 드는데, 수선 적립금은 일반적으로 점차 높아지기 때문입니다. 또한 대규모 수선을 위해 일시금을 징수당하는 경우도 있고 노후된 건물의 재건축 문제에 대한 협의가 난항을 겪을 수도 있으니 주의가 필요합니다.

한편 정년 퇴직 후에 시골이나 지방으로 이사를 가는 방법도 있습니다. 시골에는 빈집이 많아서 집값이 매우 저렴합니다. 장래에는 완전 자율 주행이 실현될 것이고 식료품도 온라인을 통해 주문하고 배달받을 수 있기 때문에 통원이나 간호가 필요한 상태가 아니라면 특별히 불편한 점은 없으리라 생각합니다.

정년과 관계없이
노후에도 일하는 삶

평균 수명 연장과 함께 건강 수명도 늘어나 65세 이상은 이제 고령자가 아니라 중년으로 여겨질 것입니다. 따라서 회사의 제도에 자신의 인생을 맞추는 것이 아니라 회사가 정한 정년과는 무관하게 일해야 합니다.

'사회와의 접점이 있다.'
'누군가가 나를 필요로 한다.'
'다른 사람에게 도움이 된다.'
'스스로 돈을 벌고 있다.'

무엇보다 이런 자긍심을 갖는 것은 충실한 인생을 보내는 데 매우 큰 역할을 합니다.

또한 일을 함으로써 생활에 긴장감이 생기면 병에 걸릴 위험도 줄어들기 때문에 의료비 부담도 줄일 수 있습니다. 나이가 들어 일자리가 없을 것 같다면 지금부터 65세 이상이어도 고용되는 인재가 될 수 있도록 단련해 둡시다. 전문 분야에서 실력을 쌓아 두면 장래에 사외 임원이나 컨설턴트로 일할 수 있습니다. 예를 들어 사업 전략이나 판로 확대, 생산, 품질 관리, 해외 진출, 리스크 매니지먼트나 거버넌스 같은 전문 영역의 고문은 나이에 관계 없이 사람을 필요로 합니다. 혹은 나이가 들어서 사업을 할 수 있도록 부업을 해 두는 것도 좋습니다. 사업은 평생 직장이 될 수 있기 때문에 정년이나 재취업을 걱정하지 않아도 됩니다.

여기에서 말하는 부수입이란 부업 등이 아니라 주식 배당 수입, 부동산 투자에 의한 임대 수입, 그 밖에 금융 상품의 이자 수입 등 이른바 불로소득입니다. 왜 이것이 필요한가 하면 저축해 둔 돈을 쓰기만 하는 생활은 공포일 뿐이고 아무리 돈이 많아도 매달 잔고가 줄기만 하는 통장을 보면 우울해지기 때문입니다. 또한 지금은 건강해도 결국에는 일하지 못하는 날이 옵니다. 병에 걸릴 가능성도 있고 기력이 쇠할 가능성도 있습니다.

그러므로 가능한 한 자신의 노동력에 의존하지 않는 수입원을 확보해 두는 것이 바람직합니다. 제가 임대용 부동산이나 태양광 발전을 통해 수입을 확보하는 것도 그런 이유 때문입니다.

경제 활동을 할 때부터 고정비를 최소한으로 줄이고 그 생활에 익숙해지는 것이 좋습니다. 옷이나 가방은 좋은 것을 사서 소중하게 다루면 오래 사용할 수 있고, 스마트폰도 반드시 최신 고성능 모델을 살 필요가 없습니다. 앞서 이야기했듯이 통신비나 전기 요금도 얼마든지 줄일 수 있습니다. 맨션에 살더라도 베란다에 화분을 키워 집 안에 채소밭을 만들 수 있습니다. 또한 베란다에 태양광 패널을 설치하면 스마트폰 충전도 할 수 있습니다.

자린고비처럼 살아야 한다는 말이 아니라 정말로 중요한 것, 나를 변혁시키고 성장시켜 주는 것, 가족의 번영과 행복에 공헌하는 것에

대담하게 돈을 쓸 수 있도록 고정비를 줄이고 가처분 소득을 높게
유지해야 한다는 말입니다.

—

현실적 낙천주의자의
인생 철학

불안한 미래를 맞이하지 않기 위한 방법은 준비를 해 두는 것입니다. 보험 가
입, 재테크, 계획적인 소비, 나이 들어서도 일할 수 있는 능력을 지금부터 준비
한다면 충실한 인생을 살 수 있습니다.

2030에게
저축보다
중요한 것

지금까지 경제적으로 곤란에 빠지지 않기 위한 방법에 대해 이야기했습니다. 연령대에 따라 돈을 벌 수 있는 방법은 제각각입니다. 남은 시간이나 주어진 환경에 의해서도 달라집니다. 그래서 이번에는 빈곤에서 탈출하고 싶어 하는 사람들을 위해 연령별 대책을 소개하려 합니다.

빈곤을 느끼는 20대는 어떻게 가난을 탈출할 수 있을까요? 저의 대답은 '빈곤에서 탈출할 필요는 없다'입니다. 20대는 아직 회사에서 일을 배우는 단계에 있는 경우가 많기 때문에 당연하게도 수입이 적을 수밖에 없습니다. 그 적은 수입에서 저축을 많이 하려면 집과 회사를 오가기만 하며 개미처럼 눈물겨운 절약 생활을 해야만 합니다. 20대이기에 할 수 있는 다양한 경험을 포기하면서까지 절약과 저축에 힘을 들이면 나이 들며 발전할 가능성을 좁힐 뿐입니다.

생활비를 줄일 필요가 없다는 말이 아닙니다. 툭 하면 돈이 없다고 말하는 사람이라면 '저것도 사고 싶다', '이것도 갖고 싶다'며 눈앞의 욕구에 휘둘리는 것은 아닌지 의심해야 합니다. 예를 들어 '요즘 유행하니까', '멋지니까', '예쁘니까', '싸니까' 같은 이유로 신형 스마트폰이나 옷에 너무 많은 돈을 쓰지는 않는지 의심할 필요가 있습니다. 지인과의 의리상 가입하는 생명 보험도 필요가 없습니다. 결혼해서 아이가 있는 사람은 논외지만, 독신이라면 설령 자신이 사망해도 경제적으로 곤란을 겪을 사람은 많지 않기 때문입니다.

무엇보다도 20대에는 소소하게 적금을 붓기보다는 미래의 자신을 위해 투자해야 합니다. 자기 자신에 대한 투자는 이르면 이를수록 좋습니다. 회수할 수 있는 기간도 길고 돈뿐만 아니라 인맥이나 지혜 등 회수할 수 있는 자산도 커지기 때문입니다.

저는 인간의 그릇을 넓히는 세 가지 요소를 '책을 읽는 것, 사람을 만나는 것, 여행을 하는 것'이라고 생각합니다. 따라서 많은 책을 읽어서 시야를 넓히고, 많은 사람을 만나서 식견을 넓히고, 밟지 않은

땅을 찾아가서 견문을 넓혀야 한다고 생각합니다.

경제 활동을 할 시간이 충분히 남은 20대에게 자기 투자는 특권이라고 할 수 있습니다. 롤플레잉 게임 '드래곤 퀘스트'에서도 슬라임을 쓰러뜨려 얻은 금을 축적하기만 해서는 앞으로 나갈 수 없습니다. 더 강한 적을 물리치기 위해 무기를 사고 동료를 모으고 축적한 금을 재투자해야 합니다. 이런 과정에는 상당한 시간이 필요합니다. 우리의 인생도 이와 비슷하지 않을까요? 높은 건물을 세우려면 토대를 깊게 파야만 합니다. 20대는 그 토대를 만드는 시기입니다. 따라서 자신의 튼튼한 토대를 위해 축적한 돈은 전부 재투자하는 것이 좋다고 생각합니다.

물론 이직을 해서 연봉을 높이는 것을 목표로 두는 것도 하나의 방법입니다. 이직을 고려할 때에는 단순히 인기가 있다거나 크게 주목받는 기업, 혹은 높은 연봉을 제시하는 기업이 아니라 성장의 기회가 있는 기업을 목표로 삼아야 합니다. 또한 나는 어떤 인재가 되고 싶은지, 또 그렇게 되기 위해서는 어떤 경험이 필요한지, 그리고 어떤 일이 나에게 잘 맞는지를 고려해야 합니다.

수입은 나중에라도 얼마든지 만회할 수 있고 시간도 충분하니 일단 스스로를 단련할 수 있는 환경을 찾아가야 합니다. 20대에는 모아 놓은 돈이 하나도 없어도 좋으니 전액을 자신의 미래에 베팅해야 한다고 생각합니다.

30대는
'당연함'을 의심해 보라

30대는 결혼과 출산 등 생활의 변화나 사건 등으로 인해 지출이 많은 시기라서 어쩔 수 없이 저축을 많이 하기가 힘든 면이 있습니다. 하지만 당연하다고 느끼고 있는 것들을 다시 한번 의심하고 되짚어 볼 필요는 있습니다.

예를 들어 '결혼식 피로연이나 신혼여행은 당연히 필요한 걸까? 그렇게 많은 돈을 써야 할 일일까?'처럼 말이죠. 일단은 혼인 신고만 해도 좋고 가까운 가족끼리 모여 결혼식만 올리고 피로연은 여유가 생겼을 때 해도 좋다고 생각할 수도 있습니다. 지금은 옛날처럼 장기 휴가를 내지 못한다거나 여행비가 많이 드는 시대도 아니기 때문입니다.

또한 육아가 정말 돈이 많이 드는 일인지 의심해 볼 수도 있습니다. 예를 들어 경품 사이트를 살펴보면 임신이나 유소아를 위한 경품을 쉽게 찾아볼 수 있습니다. 이런 경품들은 살림에 다소간 보탬이 됩니다. 아이 옷도 꼭 브랜드 상품을 입혀야 할 필요도 없고 중고 매장을 이용할 수도 있습니다.

아이의 교육비에 대해서도 다시 한번 점검해 볼 필요가 있습니다. 부모의 뜻대로 이 학원 저 학원 다니게 할 것이 아니라, 부모는 아이가 적성을 찾을 수 있도록 도와주고 적성을 발견했다면 최선을 다해 응원하면 되지 않을까요?

앞으로는 부부가 함께 벌어야 합니다. 여성이 출산을 하더라도 가능한 한 빨리 사회로 복귀해야 합니다. 맞벌이로 더블 인컴(double income)이라는 안정성과 가사 분담을 맞바꾼다면 남편도 적극적으로 협력할 것입니다.

이런 식으로 생활이나 지출의 기준을 부부가 함께 논의하고 협력해서 생활을 설계한다면 빈곤으로부터의 탈출은 그리 어려운 일이 아닙니다. 돈이 없다고 불평불만을 하는 가정일수록 배우자의 지출에 무관심하거나 서로 대화가 적은 경우가 많습니다. 서로의 생각과 가족의 방향성을 서로 공유하면 설령 돈이 없어도 만족스러운 생활을 할 수 있습니다.

제 주변의 직장인들을 보면 20대 후반부터 30대 후반 사이에 재능을 꽃피우는 사람이 많습니다. 따라서 30대까지는 자기 자신을 위한 투자를 아끼지 말고 저축액이 적더라도 너무 신경 쓸 필요는 없다고 생각합니다. 다만 독신은 자신의 수입을 자유롭게 쓸 수 있다는 생각 때문에 취미 활동에 너무 많은 돈을 쓰거나 사치를 하는 경향이 있는데, 혹시 스트레스 해소를 위한 충동적인 소비가 아닌지 점검해 볼 필요가 있습니다.

—
현실적 낙천주의자의
인생 철학

경험을 쌓아야 할 20대와 30대가 가난을 걱정하느라 저축만 한다면 오히려 장래의 가능성을 좁혀 버립니다. 반면 이 시기에 자신에게 아낌없이 투자하는 사람은 인생의 큰 전환기를 맞이합니다.

인생의 황혼,
독립적으로
사는 방법

40대는 아직 노후까지 시간은 있지만 저축해 둔 돈이 없으면 위기감을 느낄지도 모릅니다. 이때는 주택 대출뿐만 아니라 아이의 교육비가 가장 많이 드는 시기이기 때문에 어쩔 수 없이 저축을 많이 하기가 힘듭니다. 다만 여유가 없음에도 불구하고 아이를 학비가 비싼 학교에 입학시키거나 학원에 보내서 에듀 푸어에 빠지지는 않았는지 점검해 보아야 합니다.

기본적으로 자신의 생각을 아이에게 강요하지 말고 아이의 의욕을 존중해 줘야 아이가 스스로 생각하는 힘을 기르는 데 도움이 됩니다. 부모의 뜻을 무작정 밀어붙이면 아이는 생각이 자라지 않고 그저 지시를 기다리는 수동적인 사람으로 크게 됩니다.

아이를 대학에 보내고 싶지만 학비가 부담스럽다면 대학이나 전문학교의 장학금 제도를 이용해 부담을 줄일 수 있습니다. 장학금 제도를 활용하면 교육 효과도 노릴 수 있습니다. 아이에게 '이건 빚이니까 갚아야 할 의무가 있어. 아무 생각 없이 학생 시절을 빈둥빈둥 보내면 나중에 학비를 갚기가 힘들어져서 고생할 거야'라고 가르친다면 아이가 더 신중하게 진로의 방향성을 고민하고 더 착실한 학교 생활을 하리라 생각합니다.

이 시기에 접어들면 육아로부터 조금씩 자유로워집니다. 만약 아내가 전업 주부라면 경제 활동을 하는 것이 좋습니다. 40대라면 아직 풀타임 정직원의 기회가 남아 있습니다. 정직원이 되면 원칙적으로 65세까지 일할 수 있고 후생 연금에도 가입할 수 있어 노후에 받을 수 있는 연금 수령액이 많아집니다. 만약 지금 돈이 없는 상태라면 이것은 놓쳐서는 안 되는 선택지입니다.

또한 이직 상담소 등에서 상담을 받고 65세 이후에도 자기 커리어의 연장선상에서 회사에 고용될 가능성이 있는지 확인해 두는 것도 바람직한 방법입니다. 그리고 사회가 필요로 하는 인재가 되기 위해 자기 투자 계획을 세우고 지금부터 지식이나 기술, 경험을 쌓아야 합니다.

물론 인공 지능이나 로봇 기술의 진화로 미래의 직업 수요를 예측하기가 힘들지만, 정년까지 아직 시간이 있음에도 불구하고 아무런 대책도 세우지 않는 것은 너무나 무모한 행동입니다.

50대는 노후를
대비해서 저축할 때

다음으로 50대는 빈곤에서 어떻게 탈출해야 할까요? 50대는 정년 퇴직이 다가와 불안감이 커지는 시기입니다. 그러나 50대 후반이 되면 슬슬 자녀가 독립해서 집을 떠나고 더 이상 교육비가 들지 않는 시기이기도 합니다. 따라서 바로 이때부터 노후를 대비해 저축을 해야 합니다.

생명 보험도 큰 보장액은 불필요해지기 때문에 다시 한번 확인해야 하고 아내도 파트타이머로도 일을 해서 남편과 함께 소득을 늘린다면 저축 속도가 빨라질 것입니다.

50대가 되면 직장에서 연봉 인상을 목표로 하는 것은 다소간 무리가 있을지도 모릅니다. 기업에 따라서는 50대부터 서서히 연봉을 낮추는 곳도 있다고 합니다. 그럼 어떻게 수입과 저축을 확보해야 할까요? 한 가지 유력한 가능성은 투자입니다. 제가 부동산 투자가이기 때문에 일본의 부동산 투자를 예로 들면, 원룸 건물은 거의 전액 대출이 가능하므로 자금이 얼마 없더라도 시작할 수 있습니다. 물론 50대에 대출을 받으면 차입 연수가 짧아서 변제액이 크기 때문에 경제 활동을 하는 동안에는 손에 남는 게 거의 없을 것입니다. 다만 정년 퇴직과 동시에 전부 변제하는 것으로 설정해 두면 매달 5~8만 엔 정도의 부수입이 생기게 됩니다. 충분한 저축이 없어도 매달 고정으로 들어오는 임대 수입이 있다면 든든할 것입니다.

주택에 살고 있는 사람이라면 슬슬 본격적인 수리가 필요해질 때라고 생각합니다. 만약 역세권 등의 좋은 입지 조건에 건축 기준을 만족하는 곳이라면 아이가 집을 떠나 비어 있는 방을 임대용으로 리모델링해서 세를 주고 임대 수입을 얻을 수도 있습니다. 리모델링 대출은 쉽게 받을 수 있고 리모델링을 하는 김에 장벽을 제거하면 자치단체에서 보조금도 나옵니다.

한편 50대에는 부모가 조금 일찍 세상을 떠난 경우라면 상속을 받기도 합니다. 가족 간의 합의가 필요한 부분이지만 부모의 집을 그대로 물려받을 수도 있습니다. 자신의 부모뿐만 아니라 배우자 부모의 집도 있으니 정년 퇴직 후에는 자신의 집을 팔고 양가 중 한곳에 들어가서 살 수도 있습니다. 부모가 정정해도 함께 지내며 돌봐드려야 안심할 수 있는 사람들도 있을 것입니다.

부모의 죽음에 대해 이야기를 하면 불편해하는 사람도 있지만, 상속은 언젠가 반드시 찾아오는 일이기 때문에 부모가 정정할 때 미리 재산을 확인해 두어야 추후 형제간의 상속 분쟁을 막을 수 있습니다. 부모가 인지증에 걸려 법적 수속이 힘들어지면 오히려 이것이 분쟁의 원인이 될 수도 있습니다.

이것은 지극히 개인적인 생각이지만, 저는 50대 이후에 하는 주식 투자 등의 자산 운용에는 부정적입니다. 안 그래도 저축을 많이 못 하는 시기인데 손실이 나면 돌이키는 데 많은 시간이 필요하기 때문입니다. 노후 설계를 무너뜨리지 않기 위해서라도 원금은 유지하는 편이 바람직하다고 생각합니다.

마지막으로 이것은 운에 달렸기 때문에 그다지 기대할 수 없는 방법입니다만, 동창회 등에는 가능한 한 얼굴을 비춰 옛 친구들과 인연을 유지하는 것이 좋습니다. 아무래도 정년퇴직 후에는 이리저리 일자리를 구해 봐도 쉽게 구해지지 않는 법입니다. 그런 때에 오래된 친구나 지인에게 일자리를 제안받을 가능성도 없지는 않을 것입니다.

65세 이후에는 민간 취직 알선 업체 등을 통한 취직이 사실상 쉽지 않습니다. 따라서 동창생이나 과거 거래처 등 지금까지 만난 사람과의 교류를 살려 연고에 의한 채용 가능성을 열어 두는 것도 좋은 방법입니다.

60대 이후에도
빈곤하다면?

60대는 정년 퇴직이 수년 앞으로 다가와 수입은 줄어만 가고, 부모의 간호에 가장 많은 돈이 드는 시기입니다. 60대에 빈곤을 느끼는 사람은 어떻게 해야 할까요?

일단 관련 기관에 문의해서 자신이 받을 수 있는 연금액을 조회해봅시다. 그 연금을 바탕으로 노후를 다시 한번 설계해야 합니다. 만약 연금만으로 생활하기에 빠듯하다는 결론이 나왔다면, 건강에 유의하며 정년 후에도 가능한 한 길게 아르바이트 등을 통해 생계를 유지함으로써 연금 수령 시기를 늦춰야 합니다. 연금 수령 시기를 늦추면 늦출수록 연금 수령액이 많아지기 때문에 장수로 인한 노후의 금전적 리스크를 낮출 수 있습니다. 일본의 현시점에서는 70세부터 연금을 수령하는 경우가 65세부터 수령하는 경우에 비해 수령액이 40퍼센트나 많습니다.

독신이라면, 거주에 드는 돈을 절약하기 위해 숙식이 제공되는 아르바이트를 하는 것도 좋은 방법입니다. 구인 정보 사이트에서 검색하면 기숙사 생활이나 하숙이 가능한 일을 찾을 수 있는데, 그중에는 기숙사비 무료, 각종 세금이 공제되는 경우도 있습니다. 이런 식으로 생활비를 대폭 줄일 수 있습니다. 또한 자택을 소유한 사람이라면 집을 임대로 내놓고 그 임대료를 생활비에 보탤 수도 있을 것입니다.

한편 신흥국에서 필요로 하는 기술이나 자격을 갖고 있다면 국제협력기구에서 모집하는 시니어 해외 봉사단에 응모하는 것도 좋습니다. 기간은 1~2년 정도로 한정돼 있지만, 자신의 기술을 살리면서 생활비를 지급받을 수 있습니다.

혹은 귀농이나 단기 이주도 고려할 수 있습니다. 인구 감소 문제가 심각한 지방 자치 단체 중에는 주거나 일자리 알선, 집값 보조 등후한 대우가 준비돼 있는 곳도 있습니다. 도시 생활에 비해 시골 생활에 드는 비용은 굉장이 적고, 이웃 주민들끼리 서로 농작물을 나누는 관습이 있기 때문에 국민연금과 아르바이트 비용으로 최소한의 생활이 가능합니다. 이 나이에는 주변에 놀거리가 없다는 사치스러운 말을 할 때도 아닐 것입니다.

하지만 시골에는 일자리도 적고 사무직 등 내근직은 거의 전무한경우가 대부분입니다. 따라서 주로 농업 등 몸을 쓰는 일을 하게 될것입니다. 그런데 흙을 만지는 일도 직접 해 보면 의외로 즐겁습니다. 묵묵하게 일해서 열매를 맺은 작물을 수확하는 경험은 도시의 분주한 생활에 시달렸던 사람들에게 신선한 즐거움을 가져다줄 것입니다.

다만 외부에서 들어온 사람을 경계하는 배타적인 지역도 있다고 합니다. 무시나 비방, 중상을 당하거나 공공시설을 사용하지 못하게 하는 등의 해코지를 당하는 경우도 있다고 합니다. 따라서 이주 전에는 자치 단체의 담당자에게 미리 확인해 보거나 완전하게 이사하기 전에 체험 이주를 하는 등 주의가 필요합니다.

타이나 필리핀 같은 물가가 낮은 국가로 이주하는 사람들도 있습니다. 제가 이전에 머물렀던 필리핀의 세부에서는 이발 비용이 불과 200엔이었고 '지프니'라는 버스는 한 번 타는 데 10엔에서 30엔 정도였습니다. 현지의 하우스키퍼는 월 1만 엔으로 고용할 수 있고 영어로 의사소통이 가능합니다. 이런 환경이라면 연금만으로도 생활이 가능할 것입니다. 언어 문제나 문화 차이를 걱정하는 사람도 있을 텐데 '정들면 고향'이라는 말이 있듯이 살다 보면 어떻게든 적응이 되는 법입니다.

지금까지 여러 가지 선택지를 소개했습니다. 물론 이것이 전부는 아닙니다. 또한 이것이 모두에게 정답도 아닙니다. 각자의 성격이나 기호, 가족의 의견 등 조건은 서로 다를 것입니다. 중요한 것은 불안의 원인을 밝히고 해소해야 할 여러 대비책을 만들어 두는 것입니다. 그럼 분명 노후의 불안을 완화하는 데 어느 정도 도움이 될 것입니다.

—
현실적 낙천주의자의
인생 철학

인생의 후반전에는 자녀의 학비, 병원비, 생활비 등 돈을 쓸 곳이 많아집니다. 계획이 없는 사람에게는 초라한 삶이 다가오고, 노년을 어디에서 어떻게 보낼지 계획을 세워 둔 사람에게는 여유로운 삶이 다가옵니다.

제7장

그때의 내가
있었기에
지금의 나도 있다

한 번의 인생 즐겁고 자유롭게 살기

꿈과 목표는
있을 수도, 없을 수도
있는 것

걱정은 향상심에 기인하는 경우도 있지만 집착 때문에 생기도 경우도 있습니다. 특히 집착은 '~하지 않으면 안 된다', '~해야만 한다'는 생각을 낳기 쉽고 바람직하지 않은 고민으로 이어지기 쉬운 경향이 있습니다.

예를 들어 '게을러선 안 된다', '포기해선 안 된다', '다른 사람을 미워해선 안 된다', '인생이란 괴로운 것이다', '세상은 호락호락하지 않다', '이 정도로 만족해선 안 된다' 같은 말이나 신념에 대한 집착은 자신을 고무시키기도 하지만 때로는 스스로를 옥죄는 족쇄가 되기도 합니다.

이렇듯 꿈이나 목표도 집착과 표리일체입니다. '사법 시험에 합격하고 싶다'는 것도 일종의 집착이고 '좋은 대학에 가지 않으면 아무의미가 없다', '의사가 되어 부모님의 뒤를 이어야만 한다'는 것도 집착의 하나입니다.

의욕이나 향상심, 노력으로 이어지는 집착은 대체로 좋은 영향을미치지만, 고민만 낳고 아무것도 하지 못하게 만드는 집착은 버리는편이 좋습니다. 집착이 없으면 편안한 마음으로 상황을 받아들일 수있습니다.

'결과는 결과이니 어쩔 수 없지.'
'뭐, 이것도 나쁘지 않네.'

이것은 자포자기하거나 쉽게 포기해도 좋다는 말이 아니라 일종의 관용입니다.

예를 들어 '무조건 일류 대학에 가고 싶다'고 집착하면 목표한 대학에 합격하지 못했을 때 낙담합니다. 그러나 '합격한 학교에 가자'고마음먹으면 좌절이나 열등감을 느끼지 않고 즐거운 캠퍼스 생활을누릴 것입니다.

'대기업에 취직해야만 한다'고 집착하면 내정을 받지 못할까봐 초조하고 불안해서 자신감이 흔들립니다. 하지만 '나를 필요로 하는 곳에서 일단 시작해 보자'고 생각하면 선택지가 넓어지고 내정을 받으면 그것만으로 기쁨을 느낄 수 있습니다.

'연봉 300만 엔으로는 결혼할 수 없다'는 생각에 집착하면 자칫 평생 독신으로 살 수도 있습니다. 하지만 '맞벌이를 하면 그렇게 빠듯하진 않을 거야'라고 생각하면 결혼을 긍정적으로 생각할 수 있을 것입니다.

앞서 언급한 바 있지만 '정치가는 청렴결백해야 한다'는 집착이 있으면 불륜 같은 가십 뉴스를 보고 화를 내게 됩니다. 그러나 정치가로서의 능력과 사생활은 별개이고 불륜은 어디까지나 당사자끼리의 문제라고 관용하면 화도 나지 않습니다. 그리고 자신의 판단 척도가 '정치가의 불륜과 국민의 행복은 아무런 관계가 없고 정치가에게는 정치 능력을 요구하면 된다'라면 정치가가 내건 공략과 그 실현 정도로 판단하려고 할 것입니다.

흔히 여배우의 블로그에 악플이 쇄도하는 이유도 '엄마는 이래야만 한다', '엄마는 이걸 해선 안 된다' 같은 네티즌들의 정의에 대한 집착이 존재하기 때문입니다.

인간관계에 대한 고민도 '나는 좋은 사람이어야만 해', '미움받아선 안 돼', '인간관계는 원만해야 돼'라는 집착이 있기 때문입니다.

일단 내가 집착하는 것, 쉽게 말하자면 꿈, 목표, 이상, 고집을 버리면 고민에서 벗어날 수 있습니다.

지금 이 순간을
충실하게 살아가면 된다

지금의 저에게는 꿈도 목표도 없고 '남자는, 남편은, 아버지는 이래야만 한다'는 고정 관념도 없습니다. 의뢰받은 일은 신중하게 임하면서도 그 외의 시간은 제가 즐거움을 느낄 수 있는 일, 보람을 느낄 수 있는 일을 하며 보냅니다. 오히려 꿈이나 목표에 얽매이지 않는 만큼 자유로워질 수 있습니다. 무언가를 해도 좋고 하지 않아도 좋기 때문입니다.

물론 꿈이나 목표를 가지는 것이 나쁜 일은 아닙니다. 그래서 성공하는 사람도 있을 것이고 행복해지는 사람도 있기 때문입니다. 목표를 갖는 것의 장점은 '해야만 하는 것', '달성해야만 하는 것', '노력하는 방향성'이 명확해진다는 것입니다.

스포츠 선수라면 자신의 기록이나 라이벌 학교를 목표로 하고, 대학 입시생이라면 표준 점수나 지망 학교를 목표로 하고, 회사 업무에서도 일정한 수치를 목표로 삼는 등 꿈이나 목표를 설정해 두면 나아가야 할 길이 분명해지고 동기 부여가 됩니다. 그리고 목표를 이루면 달성감과 충족감을 얻을 수 있습니다. '하면 된다'는 자신감이 생깁니다. 그렇기 때문에 올림픽에 출전하는 스포츠 선수는 유소년기부터 세계 수준의 대회에서 입상하는 것을 목표로 인생의 대부분을 연습하는 데 바칩니다.

이처럼 꿈이나 목표가 있는 사람은 그것을 높이 내걸고 노력하면 됩니다. 하지만 꿈이나 목표가 없어도 얼마든지 즐겁게 살아갈 수 있고 충분히 행복해질 수 있습니다. 오히려 아무것도 없기 때문에 자유롭게 매일을 즐기며 살 수 있을지도 모릅니다. 왜냐하면 꿈이나 목표가 없기 때문에 '이것을 실현하기 위해서는 이것을 해야만 한다'는 의무감을 느낄 필요도 없고 '어쨌거나 즐거운 일, 가슴 설레는 일, 하고 싶은 일을 하자'는 본능과 욕구에 충실하게 살아갈 수 있기 때문입니다. 물론 저는 자영업자이기 때문에 이렇게 살아가기가 힘든 면이 있습니다.

회사원이라면 무조건 앞만 보고 달려야 할까요? 대단한 야심 없이 매일 담담하게 일하는 사람이 직장에서 더 오래 일한다는 조사 결과가 있다고 합니다.

저의 추측이지만 이런 결과가 나온 이유는 회사원으로서의 꿈이나 목표가 없어서 무언가를 '달성하지 못했다', '끝까지 해내지 못했다'는 좌절감을 느낄 일이 없기 때문일지도 모릅니다. 혹은 동료가 승진해도 질투하지 않고 자신의 페이스를 지킬 수 있기 때문일지도 모릅니다.

삶의 방식에 정답은 존재하지 않습니다. '그래도 괜찮다', '다양한 삶의 방식이 있는 것이다'라고 생각하면 조금 더 마음이 편해지지 않을까요?

현실적 낙천주의자의
인생 철학

꿈과 목표가 있어야 한다는 강박을 가지면 고민을 만들어 냅니다. 지금 이 순간에 충실하게 사는 사람은 꿈과 목표가 없어도 마음이 편안합니다.

인생의
의미, 가치, 방식에는
정해진 답이 없다

'그럼 그대로 뒤처지지 않을까요?' 하는 걱정이 들지 모릅니다. 저도 그렇게 생각한 적이 있었지만, 40대도 후반에 접어들자 깨달았습니다. 흐름에 몸을 맡기면 의외로 즐거움이 넘치는 섬에 도달할 때도 있다는 점을 말이죠. '저 섬을 향해서'라고 필사적으로 노를 젓는 것도 좋지만 조류와 바람을 거스르지 않고 느긋하게 여행을 즐기다 보면 자신도 모르는 사이 섬에 이르렀는데 그곳이 상상 이상으로 마음에 들 수도 있습니다.

예를 들어 어렸을 적에 '의사가 되자'는 목표를 세웠다면 표준 점수가 높은 고등학교에 진학해야 하고 대학교는 의대에 들어가야 합니다. 또한 입학 후에는 의사 국가 시험 합격을 목표로 대학 병원 등에서 실무 경험을 쌓아야 합니다. 의사가 된 후에도 임상뿐만 아니라 의학 논문을 읽고 최신 의료를 연구합니다. 도중에 근무의 혹은 개업의로 일할 수는 있겠지만, 의사로서 어떤 노력을 해야 하는지는 어느 정도 명확하고 그것을 평생 지속하게 됩니다.

다시 말해서 언제나 도달해야 할 섬이 어디인지 알 수 있고 그곳이 보입니다. 이미 도달한 사람도 많기 때문에 롤 모델도 존재합니다. 그런 식으로 사는 사람도 있겠지만 일생이 너무 훤히 보이고 상정한 범위 내의 삶이라고 할 수 있으며 모험이 없는 인생처럼 보이기도 합니다.

반면 아직 도달해야 할 섬이 없다면 '내가 몰랐던 나'를 찾는 우연도 일어납니다. 예를 들어 저는 학생 시절에 공인 회계사가 되는 것이 목표였지만 지금은 그와 완전히 다른 투자가, 기업가, 저술가로 일합니다. 부동산 투자를 시작한 계기는 감명 깊은 투자 책을 읽은 것이었습니다. 사업을 하게 된 계기도 부동산 투자를 통해 알게 된 지인이 함께 해 보자고 제안했기 때문이었습니다. 또한 부동산 중개 회사를 설립한 것도 어떤 대부호에게 제안을 받았기 때문입니다. 그리고 책을 쓰게 된 계기는 제가 온라인상에 쓴 글을 한 출판 편집자가 읽고 책으로 내 보자고 제안했기 때문입니다. 지금은 기업가를 육성하는 학교를 주관하고 있는데, 그 역시 아내와 아내의 친구들에게 제안을 받아서 시작하게 됐습니다.

이런 식으로 중간중간에는 '공인 회계사가 되고 싶다', '외국계 컨설팅 회사에 들어가고 싶다', '사업을 하고 싶다', '불로소득을 만들고 싶다' 같은 목표가 있었지만 사람과의 만남이나 제안처럼 의도하지 않은 우연의 연속으로 지금에 이르렀습니다.

10대, 20대, 30대에는 제가 지금 같은 삶을 살고 있으리라고는 예상조차 하지 못했습니다. 그러나 때마다 아무 생각 없이 선택한 것은 아니었습니다. '왠지 재미있어 보인다'는 저의 직감에 따른 결정에 가까웠죠. '이점이 있는가, 유리한가 불리한가, 옳은가 그른가' 하는 척도로 판단하면 미래는 보이지 않기 때문에 어쩔 수 없이 길을 헤매게 됩니다. 예를 들어 어떤 회사가 좋은지 아닌지는 직접 들어가 보지 않으면 알 수 없습니다. 반면 이런 척도로 판단을 내리면 분명 나중에 납득하거나 만족할 수 있는 결과에 이를 것이라고 생각합니다.

'좋은가, 싫은가.'
'느낌이 오는가, 오지 않는가.'
'잘 적응할 수 있을 것 같은가, 아닌가.'
'가슴 뛸 수 있는 일인가, 아닌가.'

물론 실패할 수도 있겠지만, 단순히 시행착오를 겪는 과정에 불과하므로 상처받거나 좌절하지 않을 것입니다. 저는 인생에는 옳고 그름이 없고 그저 즐거운 삶의 방식과 그렇지 않은 삶의 방식이 있을 뿐이라고 생각합니다. 그래서 즐거운 인생을 살기 위해서는 자기 자신의 직감에 따른 선택을 하는 것이 좋다고 생각합니다.

이런 깨달음을 얻는 시기가 마흔이 되기 직전이었으니 '40이 돼야 미혹되지 않는다'는 말이 정말 맞는 말이라고 새삼 느낍니다.

삶의 의미는 주어진 것이 아니라
스스로 찾아가는 것

'어차피 나는 살아 있어도 의미가 없다.'
'인생에 의미는 있는 걸까.'
'나는 뭘 해도 잘 안될 운명이다.'

이런 고민을 하는 사람이 있습니다. 그런데 여기서 이런 생각을 한번 해 보면 어떨까요?

'내가 무얼 위해 살고 있는지 알게 된다면 뭐가 달라질까?'
'인생의 의미를 알게 되면 뭐가 달라질까?'

사실 그 답을 알면 마음이 개운할 것 같은 느낌만 들 뿐이지 자신이 무엇을 하고 싶은지 몰라서 생기는 불안감, 내가 있어야 할 곳이 어딘지를 알 수 없어서 느끼는 괴로움, 권태에 의한 초조함을 들춰내는 것에 불과한 경우가 대부분입니다.

저는 애초에 인생의 의미도 가치도 정해져 있지 않다고 생각합니다. 태어나면 저절로 의미가 정해지는 것도 아닙니다. 자신이 '어떻게 받아들일 것인가' 하는 인식의 문제에 불과하다고 생각합니다. 자신이 태어난 의미나 인생의 의미는 타인이 내게 부여하는 것이 아니라 스스로 찾는 것입니다. 처음부터 정해져 있는 것도 아니고 고민한다고 답이 나오는 것도 아닙니다.

열심히 움직이고 노력해서 결과를 얻고 후일에 돌이켜 보며 '이런 의미가 있었겠지' 하고 느낄 수 있어야 합니다. 인생의 의미는 누군가가 나에게 부여하는 것이 아니라 이처럼 자기 자신의 해석에 불과합니다. 그리고 그 의미와 경험은 나이가 들어 가면서 달라집니다. 즉 내가 아무것도 하지 않으면 인생에 아무런 의미가 생기지 않고, 의미를 부여할 필요도 없어집니다. 의미를 생각하는 것 자체가 무의미하죠. 그보다는 자신이 몰두할 수 있는 일을 찾아야 합니다. 무언가에 열중할 수 있다면 그런 고민 때문에 괴로워할 틈이 사라지기 때문입니다.

자아를 찾기 위해 여행을 떠나는 사람들의 심리도 비슷합니다. '나는 누구인가'에 대해 고민하고 자아 실현을 위해 노력하는 과정에서 적성이나 자질을 발견하게 됩니다. 하지만 경험치가 낮은 단계에서는 아무리 자아를 찾으려 해도 찾을 수 없습니다. 다양한 경험을 통해 '좋다', '별로 안 좋다', '즐겁다', '감동스럽다' 같은 감정들을 느끼고 나는 어떤 지향이나 신념을 가진 사람인가를 깨달아야 합니다. 다시 말해서 '나'는 성장하며 겪은 경험을 통해 만들어 나가는 것이고 스스로 이해해 나가야 하는 것입니다.

현실적 낙천주의자의
인생 철학

예상할 수 있는 삶을 목표하면 그곳에 도달하지 못할까 봐 걱정합니다. '성장하기 위해 산다'를 목표하면 여행하듯 살 수 있습니다.

살면서
포기한 것들이
준 선물

포기하고 싶을 때, 좌절할 것 같을 때에는 어떻게 해야 할까요? 자기 자신을 갉아먹으며 노력하는 길도 있지만, 깔끔하게 포기하는 길도 있습니다. 이때 많은 사람의 고민을 낳는 씨앗은 '포기해서는 안 된다', '포기하면 경기는 거기서 끝나 버린다', '계속해야만 힘이 된다'라는 '포기하지 않는 것이 선, 포기하는 것은 악', '포기하는 사람은 약한 사람'이라는 가치관입니다.

포기하지 않고 끈질기게 버티는 것은 분명 고귀한 일일지 모르지만 누구나 할 수 있는 일은 아닙니다. 그래서인지 포기하지 않고 끊임없이 노력해서 승리나 성공을 손에 쥐는 주인공을 그린 영화나 만화, 드라마는 시대를 불문하고 큰 인기를 끌고 많은 사람의 마음을 울립니다. 내가 할 수 없는 것을 작중의 주인공을 통해 대리 만족하고 감동하는 것이죠.

포기하는 것은 분명 분한 일입니다. 포기하는 것에 대한 죄책감뿐만 아니라 자신의 무능력함과 의지박약을 인정하고 자신과의 싸움에서 패배했음을 뼈저리게 느끼게 만들기 때문입니다. 하지만 포기하는 것이 그렇게 나쁜 일일까요? 오히려 그것은 잘못된 편견일지 모른다고 느낄 때가 있습니다. 왜냐하면 우리는 포기하면서 자신의 적성에 맞는 직업이나 삶의 방식을 얻기 때문입니다.

예를 들어 어렸을 적 프로 야구 선수나 프로 축구 선수를 동경해서 연습에 매진했지만 선발되지 못하거나 시합에서 패배하면 스스로에게 재능이 없음을 어렴풋이 깨닫게 됩니다. 그래서 그 길을 포기하고 다른 길을 찾게 됩니다. 전국 대회에 출전할 정도의 선수가 되면 그 방면으로 유명한 고등학교와 대학교에 진학해 계속해서 그 길을 걸을 수 있을 것입니다. 하지만 졸업할 즈음에 탁월한 재능을 가진 다른 친구들을 보며 자신의 한계를 깨닫고 취업 활동을 시작하게 됩니다. 프로 선수가 되면 대부분의 사람은 도중에 자신에게 재능이 없음을 깨닫거나 스포츠 선수 외의 길이 있음을 깨닫고 다른 삶의 방식을 목표로 삼기도 합니다.

긍정적이고 합리적인
포기의 기준

물론 포기하지 않고 대성한 사람도 많습니다. 무언가를 얻기 위해서는 포기하지 않고 계속하는 것이 효과적인 경우가 현실적으로 적지 않기 때문입니다. 하지만 과감히 포기하고 다른 길을 택해서 대성한 사람도 있습니다. 예를 들어 예능계를 은퇴하고 사업을 해서 성공한다든가 이직 후에 오랜 노력이 결실을 맺었다는 이야기를 들어 본 적이 있으리라 생각합니다.

어느 쪽이 훌륭하고 어느 쪽이 옳다는 이야기가 아닙니다. 어느 쪽을 택하든 그것은 고귀한 선택이고 고귀한 삶의 방식이라고 할 수 있습니다. 왜냐하면 만약 포기하지 않는 것이 절대선이라고 한다면 그것은 새로운 비극을 낳을 가능성이 있기 때문입니다.

예를 들어 악명이 높은 사법 시험이나 공인 회계사 시험에 여러 번 도전해서 합격하지 못했는데도 포기하지 않고 몇 년씩 더 계속한다면 어떨까요? 정신을 차리고 보니 40대가 됐다고 합시다. 그동안 아무런 경제 활동도 하지 않아서 직업적 경험도 기술도 전문합니다. 실무 경험이 없어서 시장 가치는 거의 제로에 가깝습니다. 좀 더 이른 시기에 다른 길을 모색했다면 또 다른 삶을 살지 않았을까요? 그렇게 생각하면 포기하는 편이 더 행복할지도 모릅니다.

즉 포기란, 자신의 적성에 맞지 않는 일이나 재능을 발휘할 수 없는 것에 구애받아 인생을 낭비하지 않기 위한 일, '너의 적성은 이게 아니야'라고 깨닫게 하기 위한 인간이 갖춘 합리적 메커니즘처럼 느껴집니다.

돌이켜 보면 저도 이것저것 포기하면서 제 적성을 찾아 온 것 같습니다. 중학생 때 저는 배구부 주장에 주공격수였고 굴지의 배구 강호 고등학교 진학을 목표로 한 적도 있습니다. 그러나 저의 팀은 매번 예선에서 떨어졌고, 제가 배구를 잘한다 해도 저희 배구부 안에서 잘하는 정도였습니다. 배구로 유명한 고등학교에서는 선발조차 될 수 없었을 것입니다. 게다가 통학하는 데 1시간 이상이나 투자하는 것은 수지에 맞지 않기도 했습니다. 그보다도 선배가 없으면 훨씬 편할 것 같다는 생각에 배구는 일찌감치 포기하고 신설 고등학교에 1기생으로 입학했습니다. 덕분에 꽤 즐거운 고등학교 생활을 보냈고, 당시 친구들과는 지금도 가끔씩 만나 술잔을 기울입니다.

대학 때는 공인 회계사를 포기했었는데 미국 공인 회계사에는 합격했습니다. 하지만 CPA로 일한 적은 한 번도 없었고 합격증마저 잃어버렸습니다. 자격에 얽매이는 일은 저에게 맞지 않다고 느꼈기 때문입니다.

영어도 포기했습니다. 학생 시절에는 영어 공부를 좋아했지만 사회인이 되고 나서는 버겁게 느껴졌습니다. 애초에 영어 사용 빈도가 적은 데다가 공부하는 시간 동안 수입이 발생하는 것도 아니기 때문에 동기 부여가 되지 않았습니다. 그래서 '이제는 영어 공부를 하지 않겠다', '일본어로 충분하다', '필요하다면 통역을 고용하면 된다'고 결론 짓고 오랫동안 먼지에 뒤덮여 있던 교재와 책을 전부 버렸습니다. 이렇게 오래된 영어 콤플렉스를 해소했습니다.

사업을 시작해서 세운 부동산 회사에서는 주식 상장을 하기 위해 여러모로 분투했지만 직원 관리에 지쳐서 지금은 혼자서 회사를 운영하고 있습니다. 이 경험 덕분에 저는 제가 사람 관리를 잘 못한다는 것을 깨달았고, 글쓰기라는 저의 능력을 발휘할 수 있는 영역을 새롭게 발견할 수 있었습니다. 이처럼 이것저것 포기했기 때문에 비로소 제 나름대로 납득할 수 있는 방식으로 살고 있다고 생각합니다.

이런 경험을 통해 알게 된 점이 있습니다. 바로 포기할지 말지를 두고 기로에 섰을 때 판단 기준이 있으면 갈팡질팡하지 않아도 된다는 점입니다. 제게는 판단 기준이 세 가지 있습니다.

첫째, 그 일을 할 때 즐거운가?

이 기준은 꽤 중요합니다. '그 일을 하는 것 자체가 괴롭다'거나 '생각하는 것만으로 우울해진다'고 느낀다면 그것은 고행이라고밖에 말할 수 없습니다. 물론 현재 20대이고 앞이 창창하다면 필요한 고행일지도 모르지만, 저처럼 인생이 중반에 접어들고 있다면 '즐거움이 없으면 의미가 없다'고 생각합니다.

둘째, 그 일로 인해 자유롭게 살 수 있는가?

이것은 저의 개인적인 기준입니다. 지금은 자유가 무엇보다 가장 중요하기 때문입니다. 그래서 아무리 좋은 기회가 와도 자유를 포기해야 한다면 택하지 않으려고 합니다. 회사를 확장하지 않는 것도, 규모가 큰 프로젝트를 진행하지 않는 것도 저의 자유를 위해서입니다.

셋째, 돈을 벌 수 있는가?

마지막으로 돈은 동기 부여의 근원이기도 합니다. 돈을 벌어도 즐거움을 느끼지 못하는 일이나 시간에 구속받는 일은 하고 싶지 않기 때문에 현재 우선순위로는 세 번째입니다.

이 기준들에 합치하지 않으면 포기해도 좋다고 판단합니다.

—
현실적 낙천주의자의
인생 철학

포기하지 못하는 사람은 자신을 갉아먹으면서 능력을 발휘할 방법도 찾지 못합니다. 하지만 과감하게 포기할 줄 아는 사람은 자신의 적성에 맞는 일을 하며 살아갈 수 있습니다.

좌절과 절망이
인생을 좌우하도록
내버려 두지 말 것

절망 상태는 시야가 좁아지는 상태이기도 합니다. 시야가 좁아지면 선택지가 보이지 않게 되어 어떻게 하면 좋을지 모르게 됩니다. 따라서 '이제 틀렸다'며 더욱 절망해 버립니다. 그러나 한 번의 좌절이나 절망으로 인생 전체가 결정될 정도로 인간의 존재는 단순하지 않습니다.

예를 들어 어렸을 때에 아역으로 절정의 인기를 누렸던 예능인이 갑자기 몰락하는 경우도 있고, 노숙자였던 사람이 사업으로 성공해 회사를 상장시킨 경우도 있습니다. 화려한 커리어를 쌓아 왔지만 정년 퇴직 후에 자동차 사망 사고를 일으킨 사람도 있는가 하면, 노벨상 수상자의 평균 연령이 60대나 70대인 것처럼 만년에 드디어 인정받는 경우도 있습니다.

이처럼 대부분의 사람에게 인생이란 롤러코스터와 같습니다. 자신의 주변에서 일어난 일의 의미나 자신의 판단이 맞았는지 틀렸는지는 죽음을 맞이해 눈을 감는 순간이 아니면 알 수 없습니다. 즉 행복했는지 불행했는지 하는 판단은 죽을 때가 아니면 알 수 없는 것입니다.

하지만 비참한 일을 당하면 인생이 이처럼 오르락내리락하는 법이라는 점을 잊게 됩니다. 그래서 절망에 빠져 재기할 수 없겠다는 생각이 든다면 일단 틀어박혀서 아무것도 안 하는 시간을 갖는 것이 좋습니다. 자신의 집이든 친정이든 상관없습니다. 시골로 이사를 가는 것도 좋습니다. 실패로 인해 큰 상처를 받았다면 혼자 있는 시간을 보내며 에너지를 회복해야 합니다. SNS와도 거리를 두고 TV도 보지 않는 것이 좋습니다. 인간관계를 정리하고 세상과의 연결을 완전히 차단합니다.

몸에 난 상처뿐만 아니라 마음의 상처도 치유하려면 시간이 필요합니다. 좁아진 시야에서 벗어나려면 외부 세계로부터 격리되어 느긋하게 보내는 시간이 필요합니다. 공원을 산책하거나 숲이나 강변을 걷고 아무런 약속도 예정도 없이 그저 흘러가듯이 시간을 보내는 것이 좋습니다. 그 시간 속에서 과거를 돌이켜 보고 반성하고 자기 자신을 되찾아 나가는 것입니다.

실연이라는 좌절은
어떻게 다뤄야 할까

돈은 잃으면 일해서 다시 벌면 됩니다. 빚 때문에 꼼짝달싹도 못하게 됐다면 파산 신청을 해서 해방될 수도 있습니다. 회사에서 어떤 일에 실패했다고 해도 시말서를 쓰거나 감봉 정도로 끝납니다. 설령 해고를 당해도 다시 취직 활동을 하면 됩니다. 수험에서 실패했다면 다시 시험을 보면 그만입니다. 또한 누군가에게 배신당했다면 소송을 제기해서 싸우면 됩니다.

다양한 역경이나 좌절로 상처를 받아도 앞서 이야기한 것처럼 틀어박혀서 자신만의 시간을 보내면 어느 정도 해결할 수 있지만, 실연의 아픔은 쉽게 해결되지 않는 법입니다. 실연으로 인한 감정은 컨트롤하기 어렵고 마음을 추스리는 데 많은 시간이 필요합니다. 실제로 실연으로 인한 스트레스 때문에 입원을 하는 사람이 있을 정도로 실연은 사람의 마음을 아프게 하기 마련이죠. '제가 이렇게 좋아했던 사람은 처음이에요', '결혼한다면 이 사람밖에 없어요' 같은 생각을 할 정도로 소중했던 연인과의 이별은 각별하게 괴로운 구석이 있습니다.

저도 젊은 시절 여자 친구에게 차여서 술을 진탕 마신 적도 있고 식욕이 잃고 볼이 홀쭉해질 정도로 살이 빠져서 망연자실한 생활을 보낸 적도 있습니다.

'이 사람이 아닌 다른 사람은 상상해 본 적 없을 정도로 많이 좋아했는데, 나는 이제 어떻게 살아가면 좋을까?'

'이 사람보다 더 나은 사람이 나타날 리도 없을 텐데, 내게 더 이상 미래는 없지 않을까?'

이런 절망감과 슬픔 때문에 아무것도 손에 잡히지 않았습니다. 이런 저의 경험을 토대로 실연을 극복하는 방법을 몇 가지 소개하려 합니다.

가장 좋은 방법은 상대를 완전하게 내 시야 밖으로 없애 버리는 것입니다. 상대와의 접점이 존재하면 계속해서 슬픔을 느끼게 되므로 상대와의 연결을 완전히 끊어 버리는 것이 좋습니다. 메일을 주고받는 것도 그만두고, 전화번호도 삭제하고, SNS 계정도 삭제한 후 다른 이름으로 재등록하는 것이 좋습니다. 일 때문에 계속 연락을 주고받아야 하는 상황이라면 이직을 고려하는 것도 좋습니다. 같은 곳에 계속 살면 아무렇지 않은 일상 풍경에서도 지난날 함께한 추억들이 떠오를 수 있으므로 새로운 곳으로 이사를 가는 것도 좋은 방법입니다. 그렇게 연인과의 기억을 떠올리게 하는 것을 모조리 차단해 버리는 것입니다.

두 번째 방법은 첫 번째 방법과는 완전하게 반대입니다. 오히려 옛 연인에 대한 생각을 많이 해서 철저하게 슬픔을 느끼는 방법입니다. 이 방법을 통해 마음의 상처를 빠르게 치유할 수 있습니다. 슬픔에 점점 익숙해지고 옛 기억을 떠올리는 데 싫증이 나기 시작하기 때문입니다. '일에 몰두하면 쉽게 잊을 수 있다'고 말하는 사람도 있을 텐데, 만약 일이 손에 잘 안 잡힌다면 우울증 등의 정신 질환을 이유로 회사에 휴가를 내는 것을 추천합니다. 한 달 월급 정도는 과감하게 버립시다. 그리고 방에 틀어박혀 즐거웠던 옛 기억을 떠올리고 마음껏 울어 보세요. 눈물에는 스트레스를 완화하는 물질이 포함돼 있어서 스트레스에 의해 발생한 유해 물질을 배출하는 효과가 있다고 합니다.

그러니 더 슬퍼하고 더 많이 울어 보세요. 술이나 쇼핑으로 자신의 감정을 속이지 말고 자신의 이별과 비슷한 이별을 그린 영화를 보는 등 슬픔을 증폭시켜서 더 많은 눈물을 흘려 보는 것입니다.

다음은 실연으로 인한 감정을 밖으로 전부 토해 내는 방법입니다.

친구나 지인에게 전부 털어놓아 보세요. 하지만 이야기를 들어 줄 사람이 늘 있는 것도 아니고, 말하기 껄끄러운 부분도 있거나 간단하게 말로 표현하기 힘든 감정이 있을지도 모릅니다.

그런 경우라면 익명으로 블로그를 만들어서 슬픔을 글로 표현하는 것을 추천합니다. 반성이나 후회, 혹은 다음 사랑에 대한 결의 등 솟아오르는 모든 감정을 적고 또 적어서 토해 내 보는 것입니다. 말로 표현할 수 없는 감정을 발버둥치며 언어화하는 것은 감정을 정리하는 데 큰 도움이 되기 때문입니다. 혹은 헤어진 상대를 향한 '부치지 않을 편지'를 써 보는 것도 좋습니다. 감사하는 마음이나 돌이켜 보고 싶은 감정 등을 적어 보는 것이죠. 어차피 부치지 않을 편지이므로 자신의 감정을 솔직하게 적어 봅시다. 이런 식으로 감정을 쌓아 두지 말고 전부 내보내면 분명 마음의 상처를 치유하는 데 큰 도움이 될 것입니다.

마지막으로, 이것은 너무나 당연한 방법인데 또 다른 만남을 찾아 나서는 것입니다. 어쨌든 새로운 사랑을 찾기 위해 한 걸음 내딛어 보는 것입니다. 아무리 상처를 받아도 다른 이성과 대화를 나누거나 연락을 주고받고 데이트를 하면 어느새 지난 기억들이 잊힙니다.

아무리 심한 충격을 받았더라도 상처는 반드시 치유되는 날이 옵니다. 시간이 해결해 줍니다. 그렇게 믿고 자포자기하지 말아야 합니다. 생각하기를 포기하고 현실을 도피하면 후회만 남습니다. 시간이 흐르면 과거의 기억은 서서히 희미해져 슬픔도 누그러집니다. 인간의 기억이나 감정은 참 희한하게도 아무리 괴롭고 슬픈 이별을 겪어도 시간이 지나면 단순한 기억으로 바뀌어 간답니다.

—
현실적 낙천주의자의
인생 철학

좌절과 절망에 빠져 있으면 앞으로 어떻게 하면 좋을지 방황합니다. 하지만 현실적인 낙천주의자들은 마음껏 슬퍼하고 좌절하고 반성한 후에 훌훌 털고 앞으로 나아갑니다.

나는
어떤 인생을
살 것인가?

피크 엔드 법칙(peak-end rule)을 아시나요? 이것은 2002년에 노벨경제학상을 수상한 심리학자이자 행동경제학자 대니얼 카너먼이 제창한 이론으로, 과거의 경험에 대해 평가를 내릴 때는 가장 절정을 이룬 순간인 '피크'와 가장 마지막의 경험인 '엔드'의 평균으로 결정한다는 이론입니다.

이 이론에 따르면 우리는 어떤 경험이나 사건을 동등하게 평가하는 것이 아니라 다소 편향된 시각으로 평가하고 그에 따라 행복 혹은 불행을 느낀다고 할 수 있습니다. 이런 경향은 인사 평가를 할 때 잘 드러납니다. 상반기에 좋은 성과를 냈음에도 불구하고 하반기에 실수를 하면 상사는 최근의 사건에 주목해서 낮은 평가를 하죠.

저는 중학교 때 배구부 주장을 맡았고 교내 마라톤 대회에서도 우승한 적도 있으며 중학교 종합체육대회 예선에서도 연대 대표 선수로 발탁되는 등 주로 운동 면에서 활약했습니다. 그래서 중학교 마지막 봄, 제1지망 고등학교에 합격했습니다. '운동으로 크게 활약했다'는 피크와 '원하는 학교에 합격했다'는 엔드를 달성한 중학교 시절을 '그럭저럭 좋은 시간이었다'고 평가합니다.

고등학교 시절은 앞서 이야기했듯이 즐겁게 보냈고 제1지망은 아니지만 도쿄에 있는 대학에 합격해서 바라던 상경을 하는 엔드를 이루었기 때문에 좋은 기억으로 남아 있습니다.

한편 대학 시절에는 수업에 흥미를 느끼지 못해 크게 낙담했습니다. 경제적으로 넉넉하지 못해 아르바이트를 해야 했고, 공인 회계사 시험에 떨어지는 부정적인 '피크'가 있었습니다. 또한 졸업 전에 취업을 하지 못했다는 '엔드' 때문에 '그다지 좋은 대학 시절은 아니었다'고 평가합니다.

당연히 그 시간들 사이사이에는 또 다른 긍정적인 경험과 부정적인 경험도 있었지만, '피크'와 '엔드'의 경험에 지배당해 전체를 평가하게 되는 것입니다. '끝이 좋으면 모든 것이 좋다'는 말처럼요. 하지만 지금은 앞서 언급한 대학 시절도 '그런 시절이 있었기에 지금의 내가 있다'고 긍정적으로 평가하고 있습니다.

그리고 이 논리를 인생에 적용해 보면 인생의 후반전에 일에서든 취미에서든 피크를 맞이하면 '그럭저럭 괜찮은 인생이었다'는 행복감과 만족감을 얻을 가능성이 높다고 말할 수 있습니다. 반대로 젊었을 때 대단한 위업을 이루었다 해도 만년의 절조를 더럽히면 실망스러운 인생으로 끝날지도 모릅니다. 다시 말해서 도중에 부정적인 일을 겪어도 후반에 긍정적인 '피크'에 이르러 그 기세를 가능한 한 유지하면서 긍정적인 '엔드'를 맞이할 수 있고 결국 불행하다고 여겼던 과거에 대한 평가도 바뀝니다.

인생은 계속해서
유쾌하게 진행 중

그 때문에 인생 100세 시대의 후반전부터 기세가 올라 60세부터 70세 정도에 피크를 맞이하는 것이 가장 이상적인 삶의 방식처럼 느껴집니다. 너무 이른 시기에 피크에 이르면 용두사미 같은 인생이 되기 쉽고 너무 늦으면 노화로 인해 활약할 수 있는 시간이 짧아질 가능성이 있습니다.

물론 사람에 따라 사고방식은 다양하고 과거의 유산을 기반으로 살아갈 수도 있을 것입니다. 예를 들어 어느 기업의 경영자는 고령화로 인해 조직이 노화됐다는 말을 듣기 전에 용기 있게 물러났습니다. 그는 'V자 회복을 일으킨 유능한 경영자'라는 평가를 받은 채 은퇴했고 주위로부터 상찬받으며 인생의 마지막 코너를 돌 수 있었습니다.

다만 회사원의 경우라면 아무래도 40대나 50대에 피크를 맞이하는 사람이 많은데, 그때부터 급속도로 하강하는 일이 많으므로 정년퇴직이 반드시 긍정적인 '엔드'라고 할 수는 없습니다. 따라서 재직 중에 사업이든 취미든 깊이 있게 파고들어 하강 곡선을 더 완만하게 만들어 갈 필요가 있습니다.

그렇게 생각하면 45세 정도까지는 우여곡절을 경험하거나 침체 시기를 경험해도 괜찮다는 생각이 듭니다. 고민하면서 이런저런 일에 도전하고, 이런저런 사람을 만나고, 이런저런 경험을 쌓아 가는 것이죠. 그 과정에서 지혜나 노하우도 늘어나고 인맥도 생깁니다. 이것들은 인생의 후반전에서 더 빛날 수 있는 토대가 됩니다.

그리고 '내 일 혹은 내가 다니는 회사가 어떻게 될 것인가'를 생각하기보다는 '나는 어떻게 살아가고 싶은가', '나의 인생을 어떤 식으로 구상할 것인가'라는 거시적인 관점으로 바라보고 그것을 실현하기 위해 지금 해야 할 일에 전념해야 합니다. 그럼 지금까지의 걱정,

그리고 지금 안고 있는 고민은 사실 굉장히 시시한 것이라는 생각이 들 것입니다. 그런 고민들 때문에 꾸물대고 있을 때가 아니라는 생각이 들지 않나요?

—
현실적 낙천주의자의
인생 철학

그때의 내가 있었기에 지금의 내가 있습니다. 어떻게 살고 싶은가요? 지금 안고 있는 고민들 때문에 주저하고 있을 때가 아닙니다.

어떤 상황에서도 여유롭고 냉철하게 판단하는 사람

현실적 낙천주의자

인쇄일 2021년 7월 7일
발행일 2021년 7월 14일

지은이 고도 토키오
옮긴이 김슬기
펴낸이 유경민 노종한
기획마케팅 1팀 우현권 **2팀** 정세림 금슬기 최지원 현나래
기획편집 1팀 이현정 임지연 **2팀** 김형욱 박익비 **라이프팀** 박지혜
책임편집 이현정
디자인 남다희 홍진기
펴낸곳 유노북스
등록번호 제2015-000010호
주소 서울시 마포구 월드컵로20길 5, 4층
전화 02-323-7763 **팩스** 02-323-7764 **이메일** uknowbooks@naver.com

ISBN 979-11-90826-65-5 (03190)